黑龙

50°

黑龙江

松

哈

内蒙古自治区

长春　吉林

40°

北京市

沈阳

辽宁

135°

呼和浩特

恒山

朝鲜

渤海

河北

天津市

韩国

银川

太原

石家庄

35°

山西

济南　▲泰山

日本

山东

黄海

陕
西

嵩山

郑州

江苏

西安　▲华山

河南

合肥　南京

30°

太湖

上海市

湖北

武汉

安徽

黄山▲

杭州

重庆市

庐山▲

鄱阳湖

浙江

洞庭湖

长江

东海

长沙　江西

南昌

25°

湖南

▲衡山

贵州

福建

福州

贵阳

台北

北回归线

130°

台湾海峡

台湾

广西壮族自治区

广东

南宁

广州

20°

澳门　香港

海口

南海

0　　400　　800km

海南

110°　　　　115°　　　　120°　　　　125°

# 使って学ぶ！
# 中国語コミュニケーション2

**CEFR A1-A2 レベル**

寺西光輝

朝日出版社

## 音声ダウンロード

 **音声再生アプリ「リスニング・トレーナー」(無料)**

朝日出版社開発のアプリ、「リスニング・トレーナー(リストレ)」を使えば、教科書の音声をスマホ、タブレットに簡単にダウンロードできます。どうぞご活用ください。

**まずは「リストレ」アプリをダウンロード**

▶ App Store はこちら  ▶ Google Play はこちら

**アプリ【リスニング・トレーナー】の使い方**

❶ アプリを開き、「コンテンツを追加」をタップ

❷ QRコードをカメラで読み込む

❸ QRコードが読み取れない場合は、画面上部に 45371 を入力し「Done」をタップします

QRコードは㈱デンソーウェーブの登録商標です

## Webストリーミング音声

http://text.asahipress.com/free/ch/245371

# 教科書のコンセプト

## ◆レベルと内容

　この教科書は、第二外国語として半年から１年程度中国語を学んだ学生を想定し、CEFR（ヨーロッパ言語共通参照枠）で初級レベルとされる、A1からA2への橋渡しを目指しています。

　各課は2つの話題と1つのタスクで構成されています。それぞれ、日本国内で実際に遭遇しうる状況を想定し、基礎段階の中国語「**使用者**」として、そこでどのような「行動（Action）」がとれるかを中心に学びを進めていきます。

## ◆CEFR の理念に基づく構成

　この教科書は、CEFR の「行動中心アプローチ」と「複言語主義」の理念を基に執筆されています。それは、みなさんを外国語の「学習者」であると同時に、複数の言語を使って「**社会的に行動する者**（social agents）」であるとみなすことにあります。

　そのため本教科書は、理想的な母語話者や中国語構造の網羅的理解を目指すのではなく、むしろ初級レベルの学習者が、やさしい中国語を使って社会的にどのような「課題（tasks）」を遂行できるようになるかという観点から学びを構成しています。

## ◆学習するうえでの注意点

　各課における学びのゴールは、どのような文法規則を理解しているかではなく、あくまでも社会的な行動として「どのようなことができるようになるか」です。

　そのためこの教科書では、あらかじめ使うべき文法を明示するのではなく、まずは学習目標を達成するために必要な語彙や表現に多く触れ、それを基に実際にやりとりをするという体験を通して、社会での運用能力を獲得することを目指します。なお、意味のあるコミュニケーションに取り組みながら、言語形式にも意識を向けられるよう、必要な文法は課の最後に詳しく解説しています。

---

### ◆本教科書をご使用になる先生方へ

　本書は、「Can-do」の達成と「タスク」の遂行を学習目標にして編まれたテキストです。また、第二言語習得研究の成果を踏まえ、文法解説やドリル等に基づく明示的学習よりむしろ、多くのインプットやコミュニケーション活動における意味交渉のなかで、学習者の「気づき」や「理解」等を促すという、分析的で暗示的な学習を促進するように設計してあるのが最大の特徴です。

　本教科書はまた、ピア・ラーニング（協働学習）やコミュニカティブ言語教授法（とりわけフォーカス・オン・フォーム）の考え方も取り入れています。インフォメーション・ギャップを埋める活動や自己表現による社会的相互作用のなかで、無理なく運用能力を高めていくとともに、言語形式にもきちんと注意が向くよう工夫をほどこしました。

　本教科書を使って、「複言語能力」を身につけた学生が社会で活躍することを願っています。またテキストの至らない点については、忌憚のないご意見やご批評をいただければ幸いです。

# 目 次

**第 1 課**　相手の好みや選択・情報を確認する　　　　　　　　　　　　　　8

**Can-do**

1　どちらであるか聞き出したり、答えたりできる。

2　そうであるかどうか相手に確認したり、答えたりできる。

**文法理解**

1. 選択疑問文　　2. 反復疑問文

《発展学習：“跟”》


**第 2 課**　自己紹介をして知り合う　　　　　　　　　　　　　　　　　　　24

**Can-do**

1　学校や職場で知り合った人に簡単な自己紹介ができる。

2　相手の個人的な情報を求めたり、提供したりできる。

**文法理解**

1. 実現・完了の“了”　　2. “应该”　　3. “是…的”

《発展学習：“除了…以外，还～”》


**第 3 課**　過去の活動や、経験・計画について話す　　　　　　　　　　　　40

**Can-do**

1　過去の活動について質問したり、答えたりできる。

2　個人の経験や計画をたずねたり、答えたりできる。

**文法理解**

1. “已经”、“还没…呢”　　2. 実現・完了の“了”（復習）

3. 量詞（“件”、“杯”、“次”）　　4. “过”　　5. “打算”、“准备”


**第 4 課**　商品やサービス、好みについて話す　　　　　　　　　　　　　　56

**Can-do**

1　商品やサービス・性質を比較したり、感想を伝えたりできる。

2　商品やサービスを求めたり、提供したりできる。

**文法理解**

1. 比較の表現　　2. “一点儿”と“有点儿”　　3. “给”　　4. 量詞（“条”、“双”）

5. “可以”

| 第 5 課 | 住んでいる町の交通について話す | 72 |

Can-do

1 単純な方法であれば、目的地までの交通手段や時間を説明できる。
2 簡単な道案内や乗り換え案内ができる。

**文法理解**

1. "从 A 到 B"、"离"　　2. "向"、"往"　　3. "多" ＋形容詞　　4. "先…然后"

| 第 6 課 | 事情や状況・体調について話す | 88 |

Can-do

1 事情や状況をたずねたり、簡単な言葉で答えたりできる。
2 体調についてたずねたり、気づかったりできる。

**文法理解**

1. "怎么"　　2. 語気助詞の "了"　　3. 結果補語　　4. "就" と "才"

《発展学習：1. "快要…了"　　2. "因为… 所以"　　3. "又…了"　　4. "再"
5. "别… (了)"　　6. "好好"》

| 第 7 課 | おもてなしをする | 104 |

Can-do

1 日本での生活を気づかったり、おもてなししたりできる。
2 困っている観光客の手助けや、簡単な案内ができる。

**文法理解**

1. 様態補語　　2. "带"、"请"、"帮"　　3. "可以"　　4. "一下" と "一点儿"

《発展学習：1. "虽然…但是"　　2. 量詞（"张"）　　3. "一点儿也＋不／没"》

| 第 8 課 | オンラインでやりとりする | 120 |

Can-do

1 通話アプリでつながり、オンラインで簡単なやりとりができる。
2 SNS で友達の投稿に返信したり、コメントを残したりできる。

**文法理解**

1. "把"　　2. "到"（結果補語）

《発展学習：1. "被"　　2. "如果… (的话)，就〜"》

| インフォメーション・ギャップ／ロールカード | 136 |
| 場面《日本語訳》 | 141 |
| 索引 | 146 |

# 本テキストでの学びかた

◆ 基本的な学習の流れ 〈インプット→活動→文法理解→さらなる活動〉

　本テキストでは、まずは現実の場面を想定した豊富なインプットに触れることを重視しています。さらにコミュニカティブな活動のなかで意味交渉を行いつつ、**言語形式**にも焦点を当てた学習を行います。それを踏まえてさらに**活動**を繰り返すことにより、実践的な運用能力を高めます。

### 事前学習

**❶ Can-do**
まずは、〈何をできるようにする〉ためにこの課を学ぶのかを確認します。

**❷ ウォームアップ**
Can-do を確認したら、これから学ぶ内容や場面について、自分の経験を踏まえて想像しましょう。

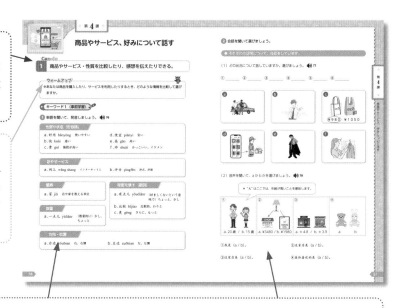

**❸ キーワード**
①単語を聞いて発音しましょう。：Can-do を達成するために必要な語彙を学びます。
②会話を聞いて選びましょう。
学んだ単語を手がかりに、現実の場面を想定した会話を聞く練習をします。ここではまだ会話の全体を理解・把握する必要はありません。

### 授業

**❹ アクション**
Can-do の達成に必要な、基本的なやりとりを学びます。必要に応じて「文法理解」を確認してかまいません。

**❺ 場面**
①何も見ずに聞きましょう。
ヒントを手がかりに聞いて、まずは本文の大まかな内容を推測しましょう。

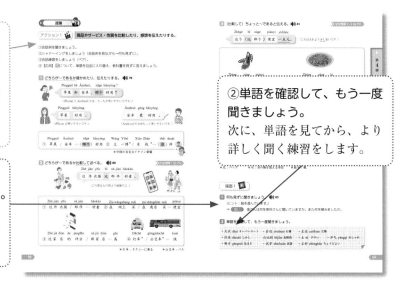

**②単語を確認して、もう一度聞きましょう。**
次に、単語を見てから、より詳しく聞く練習をします。

③本文を見ながら音声を聞きましょう。

最後に、スクリプトを見ながら音声を聞き、会話内容全体を確認します。

　読んでも分からない部分については、クラスメートと相談したり、先生の説明を聞いたりして理解を深めましょう。

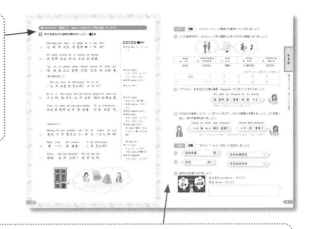

## ❻活動

これまでに学んだ表現を用いて、実践的にクラスメートとのやりとりを行います。目標は文法の確認ではなく、あくまでも中国語で伝えることです。なお、インフォメーション・ギャップの練習では、AとBに分かれて、その情報差を埋める活動をします。

（以上の練習を2セット行った後にタスクを実施します。）

## ❼タスク

より実践的なコミュニケーションの活動を行います。ここでも、中国語を使ってタスクを達成することを重視した活動を行いましょう。

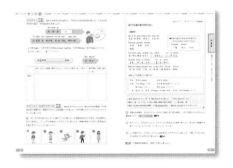

## ❽文法理解

コミュニケーション活動を通して意味のあるやりとりを行いつつ、言語形式にも注目して活動をふりかえることで、適切なコミュニケーションを行うための文法能力を高めます。

　アクションや場面等でつまずいたときにも適宜参照してください。

文法は、あくまでもコミュニケーションを支えるために学ぶものであり、それ自体が目標ではありません。

## 付属教材「中国語ポートフォリオ2」の活用

❶学習の記録やふりかえり、授業中の参考資料として。

❷追加のコミュニケーション活動やCan-doチェックに。

　教科書の課を終えた後も、コミュニケーション・シートやCan-do評価シートを通して、活動とふりかえりを繰り返し、実践的なコミュニケーション能力を育成しましょう。

# 相手の好みや選択・情報を確認する

## Can-do

**1** どちらであるか聞き出したり、答えたりできる。

### ウォームアップ

◆あなたは、次のような場面でどのように聞き出しますか（中国語で想像しましょう）。

例）相手の人は日本人なのかな？中国人かな？　コーヒーと紅茶どっちを飲むかな。

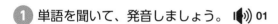

### キーワード1（事前学習）

**1** 単語を聞いて、発音しましょう。 🔊 01

### 食べ物／飲み物

a. 肉 ròu　肉

b. 鱼 yú　魚

c. 米饭 mǐfàn　お米のご飯

d. 面包 miànbāo　パン

e. 红茶 hóngchá　紅茶

f. 咖啡 kāfēi　コーヒー

g. 酒 jiǔ　酒

h. 饮料 yǐnliào　飲み物

i. 热的* rède　ホット（温かい飲み物）

j. 冷的 lěngde　アイス（冷たい飲み物）

（*"的"は「～の（もの）」の意味）

### 個人の情報

a. 男的 nánde　男の人

b. 女的 nǚde　女の人

### スポーツの好み

a.（打）篮球 (dǎ)lánqiú
　バスケットボール（をする）

b.（踢）足球 (tī)zúqiú　サッカー（をする）

**2** 会話を聞いて選びましょう。

キーワードを参照しながら聞きましょう。この段階では会話すべてを理解する必要はありません。

◆ それぞれの話題について、2人が会話をしています。

（1）人物についてどちらであるか選びましょう。 🔊 **02**

| ① 林美玲 | ② 異文化交流論　　野日　康夫<br>日本語会話 上級　橋本　　薫<br>日本文学概論　佐藤　英子 |
|---|---|
| a. 日本人　b. 中国人 | a. 男　b. 女 |

（2）どちらが好きか選びましょう。 🔊 **03**

狗 gǒu　　　猫 māo

（3）どちらを食べるか／飲むか選びましょう。 🔊 **04**

＊飲料 yǐnliào （ここではソフトドリンクを指す）

（4）どちらにするか聞いて選びましょう。 🔊 **05**

① a. これ　　b. あれ　② a.　　　　　　　　b.

授業

アクション1 　相手の基本情報や好み、することを確かめる。

①会話例を聞きましょう。

②シャドーイングをしましょう（会話例を見ながら→何も見ずに）。

③会話練習をしましょう（ペア）。

④【応用】教科書を見ずに、実際のことで答えましょう。

1 どちらであるかたずねたり、答えたりする。 (♪)) 06

文法理解1 (p.22)

Tā shì Rìběnrén háishi Zhōngguórén?
TA* 是 日本人 还是 中国人 ？

（彼／彼女は日本人ですか、それとも中国人ですか。）

Tā shì Rìběnrén.
他 是 日本人 。

Tā shì Zhōngguórén.
她 是 中国人 。

| | | | | | | |
|---|---|---|---|---|---|---|
| Rìběnrén | Zhōngguórén | | xuésheng | lǎoshī | nánde | nǚde |
| ① 日本人 / | 中国人 | ② | 学生 / | 老师 | ③ 男的 / | 女的 |

＊“他”や“她”について、男女の区別を付けず表現する場合に、アルファベットで“TA”と表記されることがあります（正式な中国語という訳ではありませんが、覚えておきましょう）。

2 どちらが好きかたずねたり、答えたりする。 (♪)) 07

Nǐ xǐhuan gǒu háishi xǐhuan māo?
你 喜欢 狗 还是 喜欢 猫 ？

（あなたは犬が好きですか、それとも猫が好きですか。）

Wǒ xǐhuan gǒu!
我 喜欢 狗 ！

Wǒ xǐhuan māo!
我 喜欢 猫 ！

| | | | | | |
|---|---|---|---|---|---|
| gǒu | māo | hē hóngchá | hē kāfēi | chī ròu | chī yú |
| ① 狗 / | 猫 | ② 喝 红茶 / | 喝 咖啡 | ③ 吃肉 / | 吃鱼 |

**3** どちらをする／したいかたずねたり、答えたりする。  08

Nǐ hē jiǔ háishi hē yǐnliào?
你 喝 酒 还是 喝 饮料 ？

（あなたはお酒を飲みますか、それとも
ソフトドリンクにしますか。）

Wǒ hē jiǔ.
我 喝 酒 。

Wǒ hē yǐnliào.
我 喝 饮料 。

hē jiǔ yǐnliào chī miànbāo mǐfàn yào hē rède lěngde
① 喝 … 酒 / 饮料 ② 吃 … 面包 / 米饭 ③ 要 喝 … 热的 / 冷的

mǎi zhèige nèige xiǎng kàn zúqiú bǐsài lánqiú bǐsài
④ 买 … 这个 / 那个 ⑤ 想 看 … 足球 比赛* / 篮球 比赛*

＊比赛：試合

ここではまだ本文全体を聞き取れなくてもか
まいません。ヒントや単語を頼りに、聞き取れ
たことから内容を推測しましょう。

場面1

**1** 何も見ずに聞きましょう。 08 09

（ヒント：熊猫 xióngmāo ＝パンダについて話しています。）

⇒ 問い パンダの何が問題になっていますか。話し合いましょう。

**2** 単語を確認して、もう一度聞きましょう。

・动物园 dòngwùyuán 動物園 ・水族馆 shuǐzúguǎn 水族館
・熊猫宝宝 xióngmāo bǎobao パンダの赤ちゃん ☆真的 zhēnde 本当に、本当だ
・当然 dāngrán 当然、もちろん ☆为什么 wèi shénme なぜ ☆知道 zhīdào 知っている

相手の好みや選択・情報を確認する

**3** 本文を見ながら音声を聞きましょう。🔊 09

◆ 語彙 ◆ 🔊 10

Zhège xīngqīliù, nǐ xiǎng qù dòngwùyuán, háishi shuǐzúguǎn?
林：这个 星期六，你 想 去 动物园，还是 水族馆？

Wǒ xiǎng qù dòngwùyuán.
张：我 想 去 动物园。

Hǎo de. Tīngshuō dòngwùyuán yǒu xióngmāo bǎobao.
林：好 的。 听说 动物园 有 熊猫 宝宝。

☆听说 tīngshuō 聞くところによると、～らしい
● 熊猫 xióngmāo パンダ
● 宝宝 bǎobao 赤ちゃん

Shìma! Měilíng, xióngmāo shì xióng háishi māo?
张：是吗！… 美玲， 熊猫 是 熊 还是 猫？

☆是吗 shìma ここでは疑問ではなく、「そうですか」のニュアンス

Xióngmāo shì xióng!
林：熊猫 是 熊！

Zhēnde ma?
张：真的 吗？

☆真的 zhēnde 本当に、本当だ

Dāngrán shì zhēnde.
林：当然 是 真的。

● 当然 dāngrán 当然、もちろん

Wèi shénme jiào "xióngmāo" ne?
张：为 什么 叫 "熊猫" 呢？

☆为什么 wèi shénme なぜ
● 呢 ne いぶかる気持ちを表す

Wǒ yě bù zhīdào.
林：我 也 不 知道。

☆知道 zhīdào 知っている、分かっている

語彙の中で☆が付いているものは、その課で覚えるべき重要表現です（なお、今後出てくる★の付いた表現は、「文法理解」の《応用》や《発展学習》で解説しています。）

**1-1.　活動（A）**（インフォメーション・ギャップ→右側の人は p.136 を参照）

林惠さんについて、どちらであるかをパートナーに聞いて、○を付けましょう（アンナさんについて、相手に教えてあげましょう）。

| 安娜 Ānnà | 林惠 Lín Huì |
|---|---|
| （是）　Měiguórén 美国人 ／ Yīngguórén 英国人 | （是）　Zhōngguórén 中国人 ／ Rìběnrén 日本人 |
| （喝）　hē kāfēi 咖啡 ／ hóngchá 红茶 | （喝）　hē wūlóngchá 乌龙茶 ／ píjiǔ 啤酒 |
| （喜欢）　xǐhuan chī ròu 吃 肉 ／ chī yú 吃 鱼 | （喜欢）　xǐhuan chī ròu 吃 肉 ／ chī yú 吃 鱼 |

**1-2.　活動**　（インタビュー）どちらが好きか聞いて、相性を確かめましょう。☑

〈準備〉❶ 単語を聞きましょう。❷ 会話例を聞きましょう。🔊 11

| ☐ gǒu 狗 | ☐ māo 猫 | ☐ Ānzhuó 安卓* | ☐ Píngguǒ 苹果* |
|---|---|---|---|
| ☐ chī mǐfàn 吃 米饭 | ☐ chī miànbāo 吃 面包 | ☐ chéngshì 城市* | ☐ xiāngxià 乡下* |
| ☐ hē kāfēi 喝 咖啡 | ☐ hē hóngchá 喝 红茶 | ☐ hē guǒzhī 喝 果汁 | ☐ hē niúnǎi 喝 牛奶 |
| ☐ chī ròu 吃 肉 | ☐ chī yú 吃 鱼 | ☐ xiàtiān 夏天 | ☐ dōngtiān 冬天 |

＊安卓：Android　＊苹果：iPhone（"苹果手机"）　＊城市：都市　＊乡下：田舎

【相手との相性】

（　　　　　）さん　／8　（　　　　　）さん　／8

## Can-do

**2** そうであるかどうか相手に確認したり、答えたりできる。

### ウォームアップ

◆このような場面でどのように確かめますか（中国語で想像しましょう）。

　1．これはあなたのものか？　　2．明日は寒いかどうか？　　3．〜に行くかどうか？

### キーワード2（事前学習）

**1** 単語を聞いて、発音しましょう。 ◀)) 12

#### 性質や状態（形容詞）

a. 重 zhòng　重い
b. 忙 máng　忙しい

c. 难 nán　難しい
d. 新（的）xīn(de)　新しい（もの）

#### 助動詞

a. 能 néng　（条件的・能力的に）〜できる
b. 可以 kěyǐ　（許可されて・条件的に）
　　〜できる、〜してよい

c. 想 xiǎng　〜したい

#### 関連語句

a. 书包 shūbāo　（学生用の）かばん
b. 机场 jīchǎng　空港
c. 照片 zhàopiàn　写真

d. 跟 gēn　〜と
e. 找 zhǎo　探す

**2** 会話を聞いて選びましょう。

◆ それぞれの話題について、2人が会話をしています。

（1）何について確認していますか。下の絵や写真からふさわしいものを選びましょう。 🔊 13

① _____  ② _____  ③ _____  ④ _____  ⑤ _____

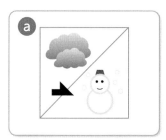

（リラックス）

（2）どんな話題について話していますか。選びましょう。 🔊 14

① _____

② _____

③ _____

④ _____

⑤ _____

| |
|---|
| a . 重いか |
| b . 忙しいか |
| c . 難しいか |
| d . 新しいか |
| e . （条件的・能力的に）〜できるか |
| f . （許可されて）〜できるか |
| g . 〜したいか |
| h . 有るか／もっているか |

授業

アクション2 🎬 そうであるかどうか確かめる。

①会話例を聞きましょう。

②シャドーイングをしましょう（会話例を見ながら→何も見ずに）。

③会話練習をしましょう（ペア）。

④【応用】教科書を見ずに、実際のことで答えましょう。

1 そうであるかどうか確かめる。（"是"の文）🔊 15

Zhèige shì bu shì nǐde?
这个 是 不 是 你的 ？

（これはあなたのものですか。）

文法理解2 (p.22)

Zhèige shì wǒde.
这个 是 我的 。

Zhèige búshì wǒde.
这个 不是 我的 。

| | Zhèige nǐde | Tā liúxuéshēng | Nǐde shǒujī píngguǒ | Jīntiān tā de shēngrì |
|---|---|---|---|---|
| | ① 这个 …你的 | ② 他… 留学生 | ③ 你的 手机… 苹果 | ④ 今天…她 的 生日 |

2 〜であるかどうか確かめる。（形容詞の文）🔊 16

*実際の会話では、（ ）内は省略して、簡単に答えても OK。

Míngtiān lěng bu lěng?
明天 冷 不 冷 ？

（明日は寒いですか。）

Lěng. Míngtiān hěn lěng.
冷 。（ 明天 很 冷 。）

Bù lěng. Míngtiān bù lěng.
不 冷 。（ 明天 不 冷 。）

Míngtiān lěng / Nǐde shūbāo zhòng / Zuìjìn máng / Zhōngwén nán
① 明天 … 冷 ② 你的 书包 … 重* ③ 最近 … 忙 ④ 中文 … 难

* "不 bù"の声調変化に気をつけましょう。

**3** 〜する（できる／したい）かどうか確かめる。（動詞、助動詞の文） 🔊 17

Nǐ qù bu qù kàn diànyǐng?
你 去 不 去 看 电影？
（あなたは映画を見に行きますか。）

Qù. Wǒ qù kàn diànyǐng.
去。（我 去 看 电影。）

Bú qù. Wǒ bú qù kàn diànyǐng.
不 去。（我 不 去 看 电影。）

qù kàn diànyǐng
① 去 … 看 电影

mǎi diànnǎo
② 买 … 电脑

hē chá
③ 喝 … 茶

huì hē jiǔ
④ 会 … 喝酒

néng chī shēngyúpiàn
⑤ 能 … 吃 生鱼片

xiǎng qù lǚyóu
⑥ 想 … 去 旅游

**4** 有るかどうか確かめる。（"有" の文） 🔊 18

Nǐhǎo. Zhèige yǒu méiyǒu xīnde?
你好。 这个 有 没有 新的？
（すみません、これ新しいのはありますか。）

Yǒu. Shāo děng yíxià.
有。（稍 等 一下）。
（有ります。少々お待ちください。）

没有。

 場面2 ▶

**1** 何も見ずに聞きましょう。 🔊 19

（ヒント：美玲さんは、留学生担当チューターをすることになりました。）

⇒ 問い　美玲さんは先生に何を頼まれましたか。また何を確認しましたか。話し合いましょう。

**2** 単語を確認して、もう一度聞きましょう。

☆机场 jīchǎng 空港　・接 jiē 出迎える　・留学生 liúxuéshēng　☆跟 gēn 〜と
☆一起 yìqǐ いっしょに　☆怎么 zěnme どのように、どうやって　☆找 zhǎo 探す
☆照片 zhàopiàn 写真

**3** 本文を見ながら音声を聞きましょう。 🔊 19

陈: Lín Měilíng, nǐ néng bu néng qù jīchǎng jiē yíge
林 美玲， 你 能 不 能 去 机场 接 一个

liúxuéshēng?
留学生?

林: Hǎo de. Shì bu shì xīn lái de Zhōngguó liúxuéshēng?
好 的。 是 不 是 新 来 的 中国 留学生?

陈: Shì de. Tā jiào Liú Yuè.
是 的。 她 叫 刘 月。

林: Lǎoshī, wǒ kě bu kěyǐ gēn Zhāng Yí yìqǐ qù?
老师， 我 可 不 可以 跟 张 怡 一起 去?

陈: Kěyǐ.
可以。

林: Kěshì, wǒ zěnme zhǎo Liú Yuè? Yǒu méiyǒu tā de
可是， 我 怎么 找 刘 月? 有 没有 她 的

zhàopiàn?
照片?

陈: Yǒu. Nǐ kànkan, zhè shì Liú Yuè de zhàopiàn.
有。 你 看看， 这 是 刘 月 的 照片。

---

◆ 語彙 ◆ 🔊 20

● 接 jiē 出迎える

☆可以 kěyǐ（許可されて）〜できる。してよい。（"可不可以" は、"可以不可以" の略）

★跟 gēn 〜と（文法理解 →発展学習）

☆一起 yìqǐ いっしょに

☆可是 kěshì しかし、でも

☆怎么 zěnme（＋動詞）どのように、どうやって

●看看 kànkan ちょっと見てみる（動詞を重ねて、「ちょっと〜する」「〜してみる」）

陳先生　劉月

林美玲

張怡

**2-1.** **活動** （インタビュー）あなたは次のことについて、確かめたいと思っています。
（　）内のヒントを基に聞いてみましょう。（はい○　いいえ×）

名前　（　　　　　　　　　　）（　　　　　　　　　　）

|  |  |  |
|---|---|---|
| ❶ 最近忙しいかどうか<br>（最近 zuìjìn　忙 máng） |  |  |
| ❷ 明日学校に来るかどうか<br>（来 lái　学校 xuéxiào） |  |  |
| ❸ お酒を飲むことができるかどうか<br>（会 huì*　喝酒 hējiǔ） |  |  |
| ❹ パーティーに参加できるかどうか<br>（能 néng　参加派对 cānjiā pàiduì） |  |  |
| ❺ 旅行に行きたいかどうか<br>（想 xiǎng　去旅游 qù lǚyóu） |  |  |
| ❻ 中国人の友達がいるかどうか<br>（有 yǒu　中国朋友 Zhōngguó péngyou） |  |  |

＊"会" は一般に "（習得して）できる" を意味しますが、お酒やたばこ（抽烟 chōuyān）を "たしなむ" という場合にも使います。

**2-2.** **活動** ❶ イラストの中から、1人を（相手には言わずに）選びましょう。

❷ 相手が誰を選んだか中国語で情報を集めましょう。（⚠反復疑問文、あるいは選択疑問文を使いましょう。初めから相手の名前を聞いてはいけません！）

例）：彼／彼女が学生かどうか。男かそれとも女か。
　　WeChat をやっているかどうか（她有没有微信？）。など

| Lǐ lǎoshī<br>李 老师 | Wáng xiānsheng<br>王　先生* | Mèng xuéjiě<br>孟 学姐* | Měilíng<br>美玲 | Tiánzhōng<br>田中 | Língmù<br>铃木 |
|---|---|---|---|---|---|
| ×微信*<br>× LINE | ○微信<br>× LINE | ○微信<br>○ LINE | ○微信<br>○ LINE | ×微信<br>× LINE | ×微信<br>○ LINE |

＊微信 Wēixìn：（WeChat）　＊先生：（男の人に）～さん　＊学姐：（女の）先輩

❸ 分かったら、"她是李老师吗？" のように聞いて、正解を確認しましょう。

## タスク ❶

> **テーマ** あなたはカフェでアルバイトをしています。その店には中国人観光客が多く訪れるため、店長から中国語での接客を頼まれました。

❶ メニューを見ながら音声を聴きましょう。 🔊 21

| メニュー | | kāfēi<br>a. 咖啡 | hóngchá<br>b. 红茶 | kěkě<br>c. 可可* | nátiě kāfēi<br>d. 拿铁咖啡* | zhēnzhū   nǎichá<br>e. 珍珠　奶茶* |
|---|---|---|---|---|---|---|
| 値段（JPY） | S | 300 | 320 | 350 | 330 | 520 |
| | M | 360 | 370 | 380 | 360 | 650 |
| | L | 410 | 430 | 450 | 430 | 790 |
| サイズ | | （L）大杯 dàbēi　　（M）中杯 zhōngbēi　　（S）小杯 xiǎobēi | | | | |
| 温度 | | a. 热的 rèdc　　　　　　b. 冷的 lěngde／冰的 bīngde | | | | |
| 氷（アイスの場合） | | a. 加冰* jiā bīng　　　　b. 不加冰 bù jiā bīng／去冰 qùbīng | | | | |
| テイクアウト | | a. 在这儿喝 zài zhèr hē　　b. 带走* dàizǒu | | | | |

＊可可：ココア　　拿铁咖啡：カフェラテ　　珍珠奶茶：タピオカミルクティー
冰：氷、冷やす　　去冰：氷抜き　　帯走：テイクアウト

❷ 客と店員の会話を聞いて、メモしましょう。

> 会話をすべて聞き取る必要はありません。

| | 会話 1 🔊 22 | 会話 2 🔊 23 |
|---|---|---|
| 飲み物（選択） | （　　　　　　）＿＿杯 | （　　　　　　）＿＿杯 |
| サイズ | L　　M　　S | L　　M　　S |
| 温度 | ホット　　アイス | ホット　　アイス |
| 氷 | 要　　　不要 | 要　　　不要 |
| テイクアウト | 持ち帰らない　持ち帰る | 持ち帰らない　持ち帰る |
| 値段 | （　　　　　　）円 | （　　　　　　）円 |

# 中国語ポートフォリオ2

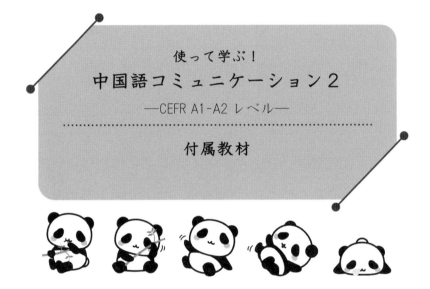

使って学ぶ！
中国語コミュニケーション2
—CEFR A1-A2 レベル—
......................................................
付属教材

学籍番号

名前

朝日出版社

教科書サポートページ

https://sites.google.com/view/tukatte2/

（追加の練習問題や解説、リスニングのスクリプト等）

◇目次
1．言語パスポート ・・・・・・・・・・・・・・・・・・・・・・・・・2
2．言語学習記録 ・・・・・・・・・・・・・・・・・・・・・・・・・・4
3．異文化体験の記録 ・・・・・・・・・・・・・・・・・・・・・・・11
4．資料集 ・・・・・・・・・・・・・・・・・・・・・・・・・・・・・12
5．学習のヒント ・・・・・・・・・・・・・・・・・・・・・・・・・13
6．チェックシート ・・・・・・・・・・・・・・・・・・・・・・・17
7．会話ストラテジー／フレーズ ・・・・・・・・・・・・・・・34
8．会話テーマ集 ・・・・・・・・・・・・・・・・・・・・・・・・40
9．コミュニケーション・シート ・・・・・・・・・・・・・・・42
10．Can-do 評価シート ・・・・・・・・・・・・・・・・・・・48

◇ポートフォリオを使った学習と評価

《学習ポートフォリオとは》
　ポートフォリオは、自己の学びを管理したり、他者にそれを示したりするために、学習過程や体験の記録、ふりかえり、自己／他者評価、学習成果物などを収集しておくツールです。

《使い方》
　「言語学習記録」は目標設定やふりかえり等、自分の学習過程を意識化し、内省するために使います。学習開始時、中間テスト前後、学期末等、それぞれの段階に応じて記入しましょう。授業内外で中国に関する異文化体験をしたら、「異文化体験の記録」に書き留めておきましょう。また、自分の学習過程や成果を示すために必要だと思う物は、自己判断でポートフォリオに追加し、リスト（「資料集」）を作成しましょう。「チェックシート」等の各種シートは、授業内の空き時間や、授業外での予習・復習、到達度の自己／他者評価等に活用してください。

《ポートフォリオ評価》
　ポートフォリオは、自律学習を促進するとともに、皆さんの学びの過程を評価するためにも用いられます。中国語の学習とは、単に頭の中に知識をつめ込むことではなく、中国語を通して、自分と〈社会や道具、他者〉との関係性を変化させていく過程でもあるからです。
　こうした学びの体験は、学校での客観式テストの点数だけで測れるものではありません。ポートフォリオで評価することは、学校化され、社会と切り離された学びではなく、皆さんの社会的実践への参加の過程に対する「真正の評価」を行うことでもあるのです。

<table>
<tr><td colspan="2">言語パスポート<br>Language Passport</td><td>記入日 ＿＿＿＿＿年 ＿＿＿月 ＿＿＿日</td></tr>
</table>

学籍番号 ＿＿＿＿＿＿＿＿　名前＿＿＿＿＿＿＿＿＿＿＿＿＿＿＿＿＿＿

## １．中国語の学習歴

＿＿＿＿＿＿＿で＿＿＿＿＿＿＿年／ヶ月　　（例：大学で半年）

## ２．これまでに取得した資格（中国語）

（例：HSK２級　2025年10月）

①　　　　　　　　　　　　　　　　　　（　　　年　　月）

②　　　　　　　　　　　　　　　　　　（　　　年　　月）

③　　　　　　　　　　　　　　　　　　（　　　年　　月）

## ３．中国語の自己評価

それぞれの項目について、現時点での自己評価を書き込みましょう。

《評価基準》★☆☆　努力が必要　　★★☆　事前に準備すればできる　　★★★　できる

**CEFR「共通参照レベル：自己評価表」**

| | | A1 | 自己評価 |
|---|---|---|---|
| 理解すること | 聞くこと | はっきりとゆっくりと話してもらえれば、自分、家族、すぐ周りの具体的なものに関する聞き慣れた語やごく基本的な表現を聞き取れる。 | ☆☆☆ |
| | 読むこと | 例えば、掲示やポスター、カタログの中のよく知っている名前、単語、単純な文を理解できる。 | ☆☆☆ |
| 話すこと | やり取り | 相手がゆっくり話し、繰り返したり、言い換えたりしてくれて、また自分が言いたいことを表現するのに助け船を出してくれるなら、簡単なやり取りをすることができる。<br>直接必要なことやごく身近な話題についての簡単な質問なら、聞いたり答えたりできる。 | ☆☆☆ |
| | 表現 | どこに住んでいるか、また、知っている人たちについて、簡単な語句や文を使って表現できる。 | ☆☆☆ |
| 書くこと | 書くこと | 新年の挨拶など短い簡単な葉書を書くことができる。<br>例えばホテルの宿帳に名前、国籍や住所といった個人のデータを書き込むことができる。 | ☆☆☆ |

| | | A2 | 自己評価 |
|---|---|---|---|
| 理解すること | 聞くこと | （ごく基本的な個人や家族の情報、買い物、近所、仕事などの）直接自分に関連した領域で最も頻繁に使われる語彙や表現を理解することができる。<br>短い、はっきりとした簡単なメッセージやアナウンスの要点を聞き取れる。 | ☆☆☆ |
| | 読むこと | ごく短い簡単なテクストなら理解できる。<br>広告や内容紹介のパンフレット、メニュー、予定表のようなものの中から日常の単純な具体的に予測がつく情報を取り出せる。<br>簡単で短い個人的な手紙は理解できる。 | ☆☆☆ |
| 話すこと | やり取り | 単純な日常の仕事の中で、情報の直接のやり取りが必要ならば、身近な話題や活動について話し合いができる。<br>通常は会話を続けていくだけの理解力はないのだが、短い社交的なやり取りをすることはできる。 | ☆☆☆ |
| | 表現 | 家族、周囲の人々、居住条件、学歴、職歴を簡単な言葉で一連の語句や文を使って説明できる。 | ☆☆☆ |
| 書くこと | 書くこと | 直接必要のある領域での事柄なら簡単に短いメモやメッセージを書くことができる。<br>短い個人的な手紙なら書くことができる：例えば礼状など。 | ☆☆☆ |

Council of Europe（吉島茂／大橋理枝訳・編）『外国語教育Ⅱ－外国語の学習、教授、評価のためのヨーロッパ共通参照枠－』朝日出版社、2008、p.28 をもとに作成

## ４．異文化体験

（１）中国語母語話者の友達や知り合い
　　　□いません　　　　　　　□います　＿＿＿＿＿＿＿人

（２）中国語圏の国や地域への渡航経験
　　　□無　　　□有

　　　　行った場所：

　　　　目的：旅行・留学・研修・その他（以下に記載）

（３）その他の経験、経歴を書きましょう

（例：中国語のスピーチコンテストに参加した。／バドミントンの交流で中国に遠征した。）

私の学習目標

学籍番号 _____ 名前 _____

1．あなたは中国語を使ってどんなことができるようになりたいですか。未来の理想的な姿を描いてみましょう。(例：私は〜できるようになりたい／〜したい)

- - - - - - - - - - - - - - - - - - - - - - - - - - - - - - - - - - - - - - - - - - - - - - - - - - - - - - - - - -

- - - - - - - - - - - - - - - - - - - - - - - - - - - - - - - - - - - - - - - - - - - - - - - - - - - - - - - - - -

- - - - - - - - - - - - - - - - - - - - - - - - - - - - - - - - - - - - - - - - - - - - - - - - - - - - - - - - - -

- - - - - - - - - - - - - - - - - - - - - - - - - - - - - - - - - - - - - - - - - - - - - - - - - - - - - - - - - -

2．この理想像に近づくために必要な自分の努力を書きましょう。

- - - - - - - - - - - - - - - - - - - - - - - - - - - - - - - - - - - - - - - - - - - - - - - - - - - - - - - - - -

- - - - - - - - - - - - - - - - - - - - - - - - - - - - - - - - - - - - - - - - - - - - - - - - - - - - - - - - - -

- - - - - - - - - - - - - - - - - - - - - - - - - - - - - - - - - - - - - - - - - - - - - - - - - - - - - - - - - -

3．今現在中国語学習で困っていることや不安なこと、あるいはこの授業で先生に要望したいことなどがあれば、自由に書いてください。

- - - - - - - - - - - - - - - - - - - - - - - - - - - - - - - - - - - - - - - - - - - - - - - - - - - - - - - - - -

- - - - - - - - - - - - - - - - - - - - - - - - - - - - - - - - - - - - - - - - - - - - - - - - - - - - - - - - - -

- - - - - - - - - - - - - - - - - - - - - - - - - - - - - - - - - - - - - - - - - - - - - - - - - - - - - - - - - -

＊学習管理システム（LMS）が使える場合は、そちらから提出しましょう。

学籍番号 _____ 名前 _____

1．私は外国語を学ぶには、次の方法が特に重要だと思う。☑（複数選択可）

□たくさん聞く 　　　　□たくさん書く 　　　　　　□声に出して練習する
□たくさん読む 　　　　□作文をする 　　　　　　　□練習問題を解く
□まず文法を身につける 　□会話して実践的に覚える 　□アプリを使う
□検定試験を受ける 　　　□友達と一緒に学ぶ 　　　　□文化に触れる
□母語話者と友達になる 　□その他（ 　　　　　　　　　　　　　　　 ）

2．あなたは、どのような形式の講義・活動が好きですか。☑（複数選択可）
□発音の練習 　　　　□文法の説明 　　　□ドリル 　　　□リスニング
□ペアでの会話練習 　□グループ活動 　　□ゲーム 　　　□確認テスト（小テスト）
□読解 　　　　　　　□作文 　　　　　　□暗唱 　　　　□書き取り練習
□文化紹介 　　　　　□発表（スピーチ・プレゼン） 　　　□映像や音楽を使う学習
□ネイティブとの交流 □その他（ 　　　　　　　　　　　　　　　　　 ）

3．これまでの自分の外国語の学習スタイルをふりかえり、書きましょう。
（例：私は〇〇を使って勉強してきた／〜の効率が良かった）

--------------------------------------------------------------------

--------------------------------------------------------------------

--------------------------------------------------------------------

--------------------------------------------------------------------

--------------------------------------------------------------------

言語学習記録
Biography
**3**

| 自己評価とふりかえり（第2課、第3課） |
| --- |

学籍番号 _____　　名前 _____

## 第2課 タスク《評価基準》

| ★☆☆　もっと努力が必要　　★★☆　なんとかできた　　★★★　ばっちりできた | |
| --- | --- |
| メモを見ずに、相手の方を向いて自己紹介できた。 | ★☆☆ |
| 適度なスピード、声の大きさ、表情で相手の反応を見ながら発表できた。 | ★☆☆ |
| 中国語らしい綺麗な発音ができた。 | ★☆☆ |
| 相手の質問に、日本語を使わずスムーズに対応できた。 | ★☆☆ |
| 自己紹介に含まれない内容について、相手に中国語で聞くことができた。 | ★☆☆ |
| 点数（自分で書いた★1つ1点で計算） | ／10 |

◇**ふりかえり**（良かった点や、改善点を書きましょう。）

## 第3課 タスク《評価基準》

| ★☆☆　もっと努力が必要　　★★☆　なんとかできた　　★★★　ばっちりできた | |
| --- | --- |
| 分かりやすい中国語で、相手に自分の経験や今後の計画を伝えられた。 | ★☆☆ |
| 適度なスピード、声の大きさ、表情で相手の反応を見ながら紹介できた。 | ★☆☆ |
| 自分の準備した経験談と写真で、相手の興味を引くことができた。 | ★☆☆ |
| 相手の述べた話題について、中国語で反応したり、質問をして話を広げたりできた。 | ★☆☆ |
| 相手の質問に、日本語を使わずスムーズに対応できた。 | ★☆☆ |
| 点数（自分で書いた★1つ1点で計算） | ／10 |

◇**ふりかえり**（タスクを踏まえ、どんな経験を伝えると留学生が興味を持ちそうか書きましょう。）

言語学習記録
Biography

**4**

自己評価とふりかえり（第4課、第8課）

学籍番号 ＿＿＿＿＿＿＿＿＿ 名前 ＿＿＿＿＿＿＿＿＿＿＿＿＿＿

**第4課 タスク《評価基準》**

| ★☆☆　もっと努力が必要　　★★☆　なんとかできた　　★★★　ばっちりできた | |
|---|---|
| 正しい声調で発音できた。（個々の声調や第三声の変調） | ★☆☆ |
| ピンインを読み間違えずアナウンスできた。（ian/iang や en/eng の区別、zi/ci/xi、you 等） | ★☆☆ |
| 中国語らしい綺麗な発音でアナウンスできた。（反り舌音、有気音など） | ★☆☆ |
| 適度なスピード、声の大きさで、伝わりやすいアナウンスができた。 | ★☆☆ |
| 点数（自分で書いた★1つ1点で計算） | ／8 |

◇ふりかえり（自分の発音で問題があった部分や、改善すべき点を書きましょう。）

**第8課 タスク**

◇ふりかえり（クラスメートの投稿やコメントを見て、より注目してもらうためにどのように書けば
よいか、またどのようなコメントを返すとよいか書きましょう。）

学籍番号＿＿＿＿＿＿＿＿　名前＿＿＿＿＿＿＿＿＿＿＿＿＿＿＿＿

１．中間（または前期）テストの点数について私は

□満足している　□やや満足している　　□やや満足していない　□満足していない

２．【目標】私は期末（または後期）試験で＿＿＿＿＿＿点以上取りたい。

３．良かったと思う勉強方法

--------------------------------------------------

--------------------------------------------------

--------------------------------------------------

--------------------------------------------------

４．クラスメートにどんな勉強方法が良かったか聞いてみましょう。そのうえで、期末（後期）試験に向けて、もっとこうすればよかった、あるいは今後やってみたいと思うことを書きましょう。

--------------------------------------------------

--------------------------------------------------

--------------------------------------------------

--------------------------------------------------

母語話者との交流

学籍番号 _____　名前 _____

1．中国語のネイティブと接する機会（先生を除く）
・学内
　　□よくある　　□ややある　　□たまにある　　□ほとんどない　□全くない

・学外
　　□よくある　　□ややある　　□たまにある　　□ほとんどない　□全くない

2．授業外で中国語を使った経験
・知人・友人と
　　　　　□ある　　　　　　　　　　□ない

・知らない人（観光客等）と
　　　　　□ある（問3に答えて下さい）　□ない

3．（日本語の通じない中国語話者と話した経験が有る場合）あなたは具体的にどのような方法でコミュニケーションをとろうとしましたか。☑（複数選択可）
□中国語で対応した　　　□英語で対応した　　　　□スマートフォンや辞書で調べた
□筆談した　　　　　　　□身振り（ジェスチャー）で示した
□あきらめた　　　　　　□他の人に頼った　　□その他：

4．学外で中国語話者と遭遇した経験について、周りの人と話し合いましょう。そのうえで、あなたが今後、国内で中国語話者とうまく交流するために、どのような工夫が必要か書きましょう。

------------------------------------------------------------

------------------------------------------------------------

------------------------------------------------------------

------------------------------------------------------------

------------------------------------------------------------

学籍番号 _____ 名前 _____

１．できるようになったこと／満足していること／よかったこと（例：私は中国語を使って〜ができるようになった）

-------------------------------------------------------------------

-------------------------------------------------------------------

-------------------------------------------------------------------

-------------------------------------------------------------------

２．言語学習記録①で書いた目標と比べて、まだ不十分な点

-------------------------------------------------------------------

-------------------------------------------------------------------

-------------------------------------------------------------------

-------------------------------------------------------------------

３．これまでに学んだ中国語を活かして、これからどんなことに取り組んでいきたいですか。できる範囲のことで、いろいろ想像して書きましょう。

-------------------------------------------------------------------

-------------------------------------------------------------------

-------------------------------------------------------------------

-------------------------------------------------------------------

異文化体験の記録
Intercultural experience

学籍番号 _____ 名前 _____

◇授業内や教室の外で、中国語話者や中国の社会・文化・言語（コミュニティー、映像、音声、表示、料理、観光、その他・・・）に触れた体験を記録し、そこでの学びや気づき、学習や異文化に対する自分の態度への影響を書きましょう。

（体験の例）

| 11月　3日 | 休日に前から気になっていた中国アニメ「ロシャオヘイ戦記」を観ました。日本語字幕でしたが、ところどころ聞き取れて面白かったです。 |
|---|---|
| 12月19日 | バイト先に来た中国人観光客は日本語が通じなかったので、勇気を出して中国語で接客してみました。なんとか対応することができ、とても喜ばれました。 |

（記載項目）

| 日付 | 内容 |
|---|---|
| 月　　日 | |
| 月　　日 | |
| 月　　日 | |
| 月　　日 | |

＊足りなければコピーして使うか、別紙、Word 等で作成してください。または先生の指示に従って学校の LMS（学習管理システム）に投稿してください。

| | 資料集 | 学籍番号 | 名前 |
|---|---|---|---|
| | Dossier | | |

あなたの中国語の学習過程や中国語に関する成果を示すために、重要だと思う物を収集（ファイルフォルダ等に収納、または PC に保存）してリストを作りましょう。

```
《収録するものの例》
・学習のために作った資料    ・作文や発表原稿       ・検定試験等の結果（コピー）
・音声や映像の記録        ・レポートやインタビュー  ・先生からの評価
・プロジェクトの成果物      ・中国語コミュニティーへの参加の記録
・交流会等の資料         ・写真（料理、旅行、街中の中国語、交流など）
・視聴した音楽や映像のリスト  ・メールやはがき       ・その他
```

（実際に何を収集し、提出するかは自己判断してください。なお、提出物は返却されます。）

リスト

| No | タイトル | メモ（説明・選んだ理由・日付等） |
|---|---|---|
| 1 | | |
| 2 | | |
| 3 | | |
| 4 | | |
| 5 | | |
| 6 | | |
| 7 | | |
| 8 | | |
| 9 | | |
| 10 | | |

＊足りなければコピーして使うか、別紙、Word 等で作成してください。

12

教科書の学習を進めるうえでのヒントや、教科書に載っていない応用表現等を紹介します。

◆オンライン辞書を利用しよう

スマートフォンや PC で使える辞書やアプリはいくつか有ります。単語の意味や、より詳しい用例を調べたいときには、**Google 翻訳ではなく、辞書を調べましょう。**

**weblio 日中中日辞典**　　https://cjjc.weblio.jp/　（「日中・中日辞典」の他、「中国語例文」もおすすめです。Android 用アプリも有り。）

**愛知大学中国語語彙データベース**　　https://hcs.aichi-u.ac.jp/

◆簡体字を入力できるようになろう (OS のバージョンによって操作が異なる可能性が有ります)

PC
**Windows11**：中央下の「スタート」を右クリックして、「設定」「時刻と言語」「言語と地域」「優先する言語」の「言語を追加」へと進み、「中文（中華人民共和国）」を選択し「次へ」をクリックしインストールする。

**Windows10**：左下の「スタート」をクリックして、「設定」「時刻と言語」「言語」「優先する言語を追加する」へと進み、「中文（中華人民共和国）」をインストールする。

＊PC では、alt＋shift で入力方法を切り替えられます。

スマホ
**iOS**：「設定」「一般」「キーボード」「キーボード」「新しいキーボードを追加」から、「中国語（簡体字）」を選択し、「拼音－QWERTY」「手書き」をチェック。→文字入力画面で、地球アイコンを長押しして、「簡体拼音」（または「簡体手写」）を選択。

**Android**：「設定」「システム」「言語と入力」、「画面キーボード」「Gboard」「言語」の「キーボードを追加」から「中国語（簡体）」を選択し、「ピンイン」と「手書き」を有効にする。→文字入力画面で、地球マークをタップして、「中文（簡体）拼音」（または「中文（簡体）手写」）を選択。

⚠ 【応用】① ü を入力するには、v を押します。
　　　　　② -儿 (-r) は "er" と入力します（例：这儿 zhèr→zheer と入力）。

# ◆簡単な自己紹介をマスターしよう（第2課）

長くて難しい自己紹介を考えても、実践で使えなければ意味がありません。今回はあくまでも簡単な自己紹介で、自分が最低限アピールしたいことのみを短くまとめて覚えましょう。表にあるもの以外を使ってもかまいません。

＊は必ず入れるべき内容です。◇は応用表現です。

| | 《表現例》 |
|---|---|
| ＊はじめの挨拶 | Dàjiā hǎo!　　　　　　　　　Nǐhǎo!<br>大家　好!（大勢に対して）　／　你好!（個人に対して）<br>Nǐmen hǎo!<br>你们　好!（複数人に対して） |
| ＊名前 | Wǒ jiào　　　　　　　　．<br>我　叫［　　　　　　］。 |
| 呼び方 | Jiào wǒ　　　　jiù hǎo.<br>叫　我［　　］就　好。　／　　　漢字の説明など |
| どこからきたか<br>／出身 | Wǒ láizì　　　．　　　　　　Wǒ shì　　　　　rén.<br>我　来自［　　　］。　／　我　是［　　　　］人。 |
| 年齢 | Jīnnián　　　suì.<br>今年　［　　］岁。 |
| 身分 | Wǒ shì　　　　dàxué　　　niánjí de xuésheng.<br>我　是［　　　　］大学　［　　］年级　的　学生。<br>Wǒ xiànzài shì yìmíng dàxuéshēng lǎoshī.　　　dú dàyī.<br>我　（现在）是　一名　［大学生／老师］。／ 我 现在 读［大一］。<br>　　　　　　　　　　　　　　　　　　　　　　　　　大学一年です。 |
| 専攻 | Wǒ de zhuānyè shì　　　　．　　Wǒ zài xué　　　　．<br>我　的　专业　是［　　　］。／　我　在　学［　　　］。<br>　　　　　　　shì　　　dàxué　　zhuānyè de yìmíng xuésheng.<br>我叫［　　］，是［　　］大学［　　］专业　的　一名　学生。 |
| ◇サークル<br>（社团 shètuán） | Wǒ cānjiā le　　　shè(tuán).　　Wǒ shì　　　shè(tuán)de.<br>我　参加　了［　　］社(团)。　／　我　是［　　］社(团)　的。 |
| 趣味 | Wǒ xǐhuan　　hé　．　Wǒ duì　　gǎn xìngqù.<br>我　喜欢　A（和B）。／ 我 对［　　]感 兴趣。 ～に興味があります。 |
| ◇将来の夢 | Wǒ jiānglái xiǎng dāng　　　．<br>我　将来　想　当［　　　］。　（当：～になる、担当する）<br>Wǒ de mèngxiǎng shì chéngwéi yìmíng jiàoshī.<br>我　的　梦想　是　成为　一名　［教师］。（成为：～になる）<br>私の夢は～になることです。 |

| 中国語学習歴 | Wǒ xuéle bànnián Zhōngwén.  Wǒ xuéle bànnián Zhōngwén le. |
| --- | --- |
| | 我　学了　[半年]　中文。 ／ 我　学了　[半年]　中文　了。 |
| | (過去に) 半年学びました。　　／　(今現在) 半年学んでいます。 |
| ◇相手との関係に関する気持ちの表明 | Hěn gāoxìng rènshi dàjiā. |
| | 很　高兴　认识　大家。 |
| | Xīwàng néng hé dàjiā chéngwéi hǎo péngyou. |
| | 希望　能　和　大家　成为　好　朋友。 |
| | みなさんと良い友達になれたら良いなと思います。 |
| ＊おわりの挨拶 | Xièxie!　　Qǐng duō(duō) zhǐjiào. |
| | 谢谢！　／　请　多(多)　指教。＊　　よろしくご指導ください。 |

＊自己紹介の最後にはよく "谢谢" と言います。これで「よろしくお願いします」のニュアンスになります。なお、"请多(多)指教" は、日本語の「よろしく」よりやや重く、本当に指導や教示を期待する場面で使います。

**評価基準**：→本冊子 p.6 （上部）

**チェックリスト☑**

《基礎》
□メモを見ずに、ごく簡単な自己紹介ができる。
□出身地をたずねたり、答えたりできる。
□大学での専攻をたずねたり、答えたりできる。
□年齢や学年をたずねたり、答えたりできる。
□趣味や好きなことをたずねたり、答えたりできる。
□ （中国語や日本語等の）学習歴をたずねたり、答えたりできる。
□呼び方をたずねたり、答えたりできる。
□最も好きなアニメや登場人物をたずねたり、答えたりできる（料理、芸能人などでも良い）。

《応用》（必要に応じて記入しましょう）
□所属するサークルを述べられる。
□将来の夢を述べられる。

□ （　　　　　　　　　　　　　　　　　　　　　　　　　　　　）

□ （　　　　　　　　　　　　　　　　　　　　　　　　　　　　）

□ （　　　　　　　　　　　　　　　　　　　　　　　　　　　　）

□ （　　　　　　　　　　　　　　　　　　　　　　　　　　　　）

## ◆飲み会の案内文を出そう（第7課）

・例文および表現例を参照して、ふさわしい文章を作りましょう。

| 教科書の例文 | その他の表現例 |
|---|---|
| 【導入】<br>Dàjiā zhùyì le!<br>大家　注意　了! | Gèwèi tóngxué, dàjiā hǎo!<br>・各位　同学，　大家　好!<br>Tóngxuémen,<br>・同学们，・・・（文を続ける） |
| Wǒmen shètuán xīnláile sānmíng<br>我们　社团　新来　了　三名<br>Zhōngguó liúxuéshēng.<br>　中国　　留学生。<br>Wǒmen zhǔnbèi kāi yíge huānyíng huì.<br>我们　准备　开　一个［欢迎　会］。 | 　　　juédìng jǔbàn xīnshēng<br>・我们 决定　举办　［新生 欢迎会］。<br>（举办:举行する、開催する）←やや大規模のときに使う |
| Jùtǐ xìnxī rúxià.<br>具体 信息　如下。<br>（信息：情報） | Xiàmiàn<br>・下面是欢迎会的具体信息。<br>　　　　　　shíjiān hé dìdiǎn<br>・欢迎会的具体 时间　和 地点 如下。 |
| 【具体的な情報】<br>shíjiān　　yuè　hào wǎnshang diǎn<br>　时间 : 九月 十八号　晚上　六点<br><br>dìdiǎn<br>　地点 : 店名（場所）*<br><br>fèiyòng　　　Rìyuán<br>　费用 : ○○日元<br>　　　　xīnshēng miǎnfèi<br>　　　（新生　免费） | 《＊位置を記載》<br>・在中央站附近 fùjìn<br>・○○对面 duìmiàn(〜の向かい側)<br>・在学校东边 dōngbian<br>　　　　zhèngmén wǎngxī<br>・从学校　正门　往西（走）五百米左右。(学校の正門から西に500mほど。)<br>《＊集合場所を指定》<br>・五点五十在学校正门集合 zhèngmén jíhé<br>《＊位置情報を添付する》<br>⊕から「場所」「場所の送信」 |
| 【連絡方法】<br>Néng cānjiā de rén, qǐng zài　　　yuè<br>能　参加 的人，请 在［九］月<br>　　　hào zhīqián huífù, xièxie!<br>［十二］号　之前　回复，谢谢!<br><br>＊ここでの"谢谢"は、「(返信を) よろしくお願いします」のニュアンス。 | Xiǎng cānjiā de tóngxué qǐng jǐnkuài<br>・想　参加 的　同学　请 ［尽快］*<br>liánxì　　　　xuézhǎng　xuéjiě<br>联系 ［我／佐藤／田中学长／铃木学姐］。<br>（尽快：できるだけ早く） |

16

# チェックシートの使い方

◇チェックシートは、普段の予習・復習のほか、授業の空き時間などに活用しましょう。まずは自分で覚えてから、ペアで冊子を交換して相互チェックをします。

## Quizlet を使った学習

チェックシートに貼られた QR コードから、外部サイト（Quizlet）を利用した学習が可能です。

Quizlet は、誰でも無料で登録せずに使えますが、アカウントを登録することでより便利に使うことができます。PC、スマートフォン（アプリ・ブラウザ）で利用可能です。

① 「単語カード」
 ・単語や会話表現を覚えるためのフラッシュカードとして活用できます。

② 「学習」「テスト」
 ・選択問題や正誤問題などで習得状況をチェックしましょう。

③ ゲーム
 ・「マッチ」からゲームに挑戦しましょう。ペアのカードをすばやくそろえて、スコアを競います。

④ 音声の自動再生
 ・「単語カード」の「オプション」で、「音声（を再生）」をオンにしたうえで再生ボタン（▶）を押せば、そのシートの中国語と日本語を交互に流すことができます。

### Quizlet のクラス

すべてのチェックシートは、ここにまとめられています。

https://quizlet.com/class/20082198/
クラスの閲覧

https://quizlet.com/join/dQqQWxemG
クラスへの自動参加（要アカウント）

評価基準

✓：すぐ（1秒以内）に答えられた。（1点）

△：5秒以内に答えられた。（0.5点）

×：それ以上かかった／答えられなかった。（0点）

Quizlet( 単語 ／ 会話 )

（単語）

| | 中国語 | 日本語 | 自己練習 | ✓ 1 | △ 2 | × 3 |
|---|---|---|---|---|---|---|
| 1 | 肉 ròu | 肉 | | | | |
| 2 | 鱼 yú | 魚 | | | | |
| 3 | 米饭 mǐfàn | お米のご飯 | | | | |
| 4 | 面包 miànbāo | パン | | | | |
| 5 | 红茶 hóngchá | 紅茶 | | | | |
| 6 | 咖啡 kāfēi | コーヒー | | | | |
| 7 | 酒 jiǔ | 酒 | | | | |
| 8 | 饮料 yǐnliào | 飲み物 | | | | |
| 9 | 热的 rède | ホット（温かい飲み物） | | | | |
| 10 | 冷的 lěngde | アイス（冷たい飲み物） | | | | |
| 11 | 男的 nánde | 男の人 | | | | |
| 12 | 女的 nǔde | 女の人 | | | | |
| 13 | (打)篮球(dǎ)lánqiú | バスケットボール（をする） | | | | |
| 14 | (踢)足球(tī)zúqiú | サッカー（をする） | | | | |
| 15 | 听说 tīngshuō | 聞くところによると、〜らしい | | | | |
| 16 | 是吗 shìma | そうですか | | | | |
| 17 | 真的 zhēnde | 本当に、本当だ | | | | |
| 18 | 为什么 wèi shénme | なぜ | | | | |
| 19 | 知道 zhī・dào | 知っている、分かっている | | | | |
| 20 | 重 zhòng | 重い | | | | |
| 21 | 忙 máng | 忙しい | | | | |
| 22 | 难 nán | 難しい | | | | |
| 23 | 新(的)xīn(de) | 新しい(もの) | | | | |
| 24 | 能 néng | (条件的・能力的に)〜できる | | | | |

| 25 | 可以 kěyǐ | (許可されて・条件的に)～できる、～してよい | | | | |
|---|---|---|---|---|---|---|
| 26 | 想 xiǎng | ～したい | | | | |
| 27 | 书包 shūbāo | (学生用の)かばん | | | | |
| 28 | 机场 jīchǎng | 空港 | | | | |
| 29 | 照片 zhàopiàn | 写真 | | | | |
| 30 | 跟 gēn | ～と | | | | |
| 31 | 找 zhǎo | 探す | | | | |
| 32 | 一起 yìqǐ | いっしょに | | | | |
| 33 | 可是 kěshì | しかし | | | | |
| 34 | 怎么 zěnme＋動詞 | どのように、どうやって | | | | |

（会話：Q&A）質問に答えられるか確認しましょう。

| | 質問 | 自己練習 | ✓ 1 | △ 2 | × 3 |
|---|---|---|---|---|---|
| 1 | Tā shì Rìběnrén háishi Zhōngguórén?<br>TA 是 日本人 还是 中国人？ （誰かを想定して） | | | | |
| 2 | Nǐ xǐhuan gǒu háishi xǐhuan māo?<br>你 喜欢 狗 还是 喜欢 猫？ | | | | |
| 3 | Nǐ hē jiǔ háishi hē yǐnliào?<br>你 喝 酒 还是 喝 饮料？ | | | | |
| 4 | Nǐ yào hē rède háishi yào hē lěngde?<br>你 要 喝 热的 还是 要 喝 冷的？ | | | | |
| 5 | Zhèige shì bu shì nǐde?<br>这个 是 不 是 你的？ （何かを指さして） | | | | |
| 6 | Míngtiān lěng bu lěng? rè bu rè?<br>明天 冷 不 冷？／ 热 不 热？ | | | | |
| 7 | Nǐ zuìjìn máng bu máng?<br>你 最近 忙 不 忙？ | | | | |
| 8 | Nǐ huì bu huì hē jiǔ?<br>你 会 不 会 喝 酒？ | | | | |
| 9 | Nǐ xiǎng bu xiǎng qù lǚyóu?<br>你 想 不 想 去 旅游？ | | | | |
| 10 | Nǐ yǒu méiyǒu Zhōngguó péngyou?<br>你 有 没有 中国 朋友？ | | | | |

19

評価基準

✔：すぐ（1秒以内）に答えられた。（1点）

△：5秒以内に答えられた。（0.5点）

×：それ以上かかった／答えられなかった。（0点）

Quizlet(　　単語　　／　　会話　　)

（単語）

| | 中国語 | 日本語 | 自己練習 | ✔ | △ | × |
|---|---|---|---|---|---|---|
| | | | | 1 | 2 | 3 |
| 1 | 专业 zhuānyè | 専攻 | | | | |
| 2 | 文学 wénxué | 文学 | | | | |
| 3 | 外语 wàiyǔ | 外国語 | | | | |
| 4 | 教育 jiàoyù | 教育 | | | | |
| 5 | 经济 jīngjì | 経済 | | | | |
| 6 | 法律 fǎlǜ | 法律 | | | | |
| 7 | 工学 gōngxué | 工学 | | | | |
| 8 | 看漫画 kàn mànhuà | 漫画を読む | | | | |
| 9 | 看动漫 kàn dòngmàn | アニメを見る | | | | |
| 10 | 看电视剧 kàn diànshìjù | ドラマを見る | | | | |
| 11 | 听音乐 tīng yīnyuè | 音楽を聴く | | | | |
| 12 | 跑步 pǎo//bù | ジョギングする | | | | |
| 13 | 健身 jiànshēn | 健康のための運動 | | | | |
| 14 | 逛街 guàng//jiē | 街をぶらつく | | | | |
| 15 | 刷手机 shuā shǒujī | スマホをいじる | | | | |
| 16 | 玩游戏 wán yóuxì | ゲームをする | | | | |
| 17 | 打乒乓球 dǎ pīngpāngqiú | 卓球をする | | | | |
| 18 | 来自 láizì | 〜から来る | | | | |
| 19 | 除了〜(以外)，还 chúle〜yǐwài，hái | 〜のほかに、さらに | | | | |
| 20 | 高兴 gāoxìng | うれしい | | | | |
| 21 | 认识 rènshi | 見知っている、知り合う | | | | |
| 22 | 上(个)〜shàng(ge) | 前の | | | | |
| 23 | 下(个)〜xià(ge) | 次の | | | | |
| 24 | 寿司 shòusī | 寿司 | | | | |

| 25 | 生鱼片 shēngyúpiàn | 刺身 | | | | |
| 26 | 天妇罗 tiānfùluó | 天ぷら | | | | |
| 27 | 乌冬面 wūdōngmiàn | うどん | | | | |
| 28 | 应该 yīnggāi | 〜すべき | | | | |
| 29 | 还 hái | まだ | | | | |
| 30 | 听不懂 tīng bu dǒng | 聞いて理解できない、聞き取れない | | | | |

（会話：Q&A）質問に答えられるか確認しましょう。

| | 質問 | 自己練習 | ✔ 1 | △ 2 | × 3 |
|---|---|---|---|---|---|
| 1 | Nǐ shì nǎli rén?<br>你 是 哪里 人？ | | | | |
| 2 | Nǐ de zhuānyè shì shénme?<br>你 的 专业 是 什么？ | | | | |
| 3 | Nǐ píngshí xǐhuan zuò shénme?<br>你 平时 喜欢 做 什么？ | | | | |
| 4 | Nǐ xuéle duōcháng shíjiān Zhōngwén?<br>你 学了 多长 时间 中文？ | | | | |
| 5 | Wǒ yīnggāi zěnme chēnghu nǐ?<br>我 应该 怎么 称呼 你？ | | | | |
| 6 | Nǐ zuì xǐhuan de dòngmàn shì shénme?<br>你 最 喜欢 的 动漫 是 什么？ | | | | |
| 7 | Nǐ zuì xǐhuan de juésè shì shéi?<br>你 最 喜欢 的 角色 是 谁？ | | | | |
| 8 | Nǐ zuì xǐhuan de Rìběn liàolǐ shì shénme?<br>你 最 喜欢 的 日本 料理 是 什么？ | | | | |
| 9 | Tā shì shénme shíhou lái Rìběn de?<br>TA 是 什么 时候 来 日本 的？<br>（先週、先月、二年前、2018 年など適当に答える） | | | | |
| 10 | （簡単な自己紹介をしましょう） | | | | |

評価基準
✓：すぐ（1秒以内）に答えられた。（1点）
△：5秒以内に答えられた。（0.5点）
×：それ以上かかった／答えられなかった。（0点）

Quizlet（　単語　／　会話　）

（単語）

| | 中国語 | 日本語 | | 自己練習 | ✓ 1 | △ 2 | × 3 |
|---|---|---|---|---|---|---|---|
| 1 | 件 jiàn | 服や事柄を数える。 | | | | | |
| 2 | 杯 bēi | 杯（飲み物を数える） | | | | | |
| 3 | 鸡蛋 jīdàn | （鶏の）卵 | | | | | |
| 4 | 已经 yǐjīng | すでに | | | | | |
| 5 | 还没 háiméi | まだ〜ない | | | | | |
| 6 | 周末 zhōumò | 週末 | | | | | |
| 7 | 买东西 mǎi dōngxi | 買い物をする | | | | | |
| 8 | 唱KTV chàngKTV | カラオケをする | | | | | |
| 9 | 跟～聊天（儿）gēn～liáotiān(r) | 〜とおしゃべりする | | | | | |
| 10 | 看视频 kàn shìpín | 動画を観る | | | | | |
| 11 | 做(写)作业 zuò(xiě)zuòyè | 宿題をする/書く | | | | | |
| 12 | 写报告 xiě bàogào | レポートを書く | | | | | |
| 13 | 交报告 jiāo bàogào | レポートを提出する | | | | | |
| 14 | 课 kè | 授業 | | | | | |
| 15 | 加油 jiāyóu | がんばる | | | | | |
| 16 | 次 cì | 〜回（動作の回数） | | | | | |
| 17 | 天 tiān | 〜日間 | | | | | |
| 18 | 票 piào | チケット | | | | | |
| 19 | 机票 jīpiào | 飛行機のチケット | | | | | |
| 20 | 车票 chēpiào | 乗車券 | | | | | |
| 21 | 暑假 shǔjià | 夏休み | | | | | |
| 22 | 寒假 hánjià | 冬休み(1〜2月頃の長期休暇) | | | | | |
| 23 | 去旅游 qù lǚyóu | 旅行に行く | | | | | |
| 24 | 回老家 huí lǎojiā | 実家に帰る | | | | | |

| 25 | 留学 liú//xué | 留学する | | | |
|----|----|----|----|----|----|
| 26 | 打工 dǎ//gōng | アルバイトする | | | |
| 27 | 考驾照 kǎo jiàzhào | 運転免許を取る | | | |
| 28 | 参加 社团活动 cānjiā shètuán huódòng | サークル活動に参加する | | | |
| 29 | 实习 shíxí | インターン、実習 | | | |
| 30 | 最近 zuìjìn | 最近、近いうち | | | |
| 31 | 觉得 juéde | 思う | | | |
| 32 | 住 zhù | 泊まる | | | |
| 33 | 打算 dǎ・suàn | つもりがある | | | |

（会話：Q&A）質問に答えられるか確認しましょう。

| | 質問 | 自己練習 | ✔ 1 | △ 2 | × 3 |
|----|----|----|----|----|----|
| 1 | Shàng zhōumò Nǐ zuò shénme le?<br>上　周末 你 做　什么 了？ | | | | |
| 2 | Nǐ zuò zuòyè le ma?<br>你 做 作业 了 吗？ | | | | |
| 3 | Nǐ jiāo bàogào le ma?<br>你 交　报告 了 吗？ | | | | |
| 4 | Nǐ mǎile jǐ jiàn yīfu?<br>你 买了 几 件 衣服？　（適当な数で答える） | | | | |
| 5 | Nǐ zuótiān kànle jǐ ge xiǎoshí shìpín?<br>你 昨天　看 了 几 个 小时　视频？ | | | | |
| 6 | Nǐ qùguo Běihǎidào ma?<br>你 去 过 ［北海道］吗？ | | | | |
| 7 | Nǐ qùguo jǐ cì Běihǎidào?<br>你 去过 几 次 ［北海道］？ | | | | |
| 8 | Nǐ dǎsuàn(zhǔnbèi) qù liúxué ma?<br>你 打算／准备　去 留学 吗？ | | | | |
| 9 | Shǔjià nǐ dǎsuàn qù nǎr?<br>暑假 你 打算 去 哪儿？ | | | | |
| 10 | Hánjià nǐ dǎsuàn zuò shénme?<br>寒假 你 打算　做 什么？ | | | | |

評価基準

✓：すぐ（1秒以内）に答えられた。（1点）

△：5秒以内に答えられた。（0.5点）

×：それ以上かかった／答えられなかった。（0点）

（単語）　　　　　　　　　　　　　　　　　　Quizlet(　単語　／　会話　)

| | 中国語 | 日本語 | 自己練習 | ✓ 1 | △ 2 | × 3 |
|---|---|---|---|---|---|---|
| 1 | 好用 hǎoyòng | 使いやすい | | | | |
| 2 | 快 kuài | 速い | | | | |
| 3 | 贵 guì | 値段が高い | | | | |
| 4 | 便宜 piányi | 安い | | | | |
| 5 | 高 gāo | 高い | | | | |
| 6 | 帅 shuài | かっこいい、イケメン | | | | |
| 7 | 网上 wǎngshang | インターネット上 | | | | |
| 8 | 评分 píngfēn | 評点、評価 | | | | |
| 9 | 家 jiā | 店や家を数える単位 | | | | |
| 10 | 一点儿 yìdiǎnr | (数量的に)少し、ちょっと | | | | |
| 11 | 有点儿 yǒudiǎnr | (好ましくないという意味で)ちょっと | | | | |
| 12 | 穿 chuān | 着る、履く | | | | |
| 13 | 等 děng | 待つ | | | | |
| 14 | 比较 bǐjiào | 比較的、わりと | | | | |
| 15 | 更 gèng | さらに、もっと | | | | |
| 16 | 右边 yòubian | 右、右側 | | | | |
| 17 | 左边 zuǒbian | 左、左側 | | | | |
| 18 | 现金 xiànjīn | 現金 | | | | |
| 19 | 刷卡 shuā//kǎ | カード決済 | | | | |
| 20 | 信用卡 xìnyòngkǎ | クレジットカード | | | | |
| 21 | 银联卡 Yínliánkǎ | 銀聯カード | | | | |
| 22 | 微信支付 Wēixìn zhīfù | WeChat Pay | | | | |
| 23 | 支付宝 Zhīfùbǎo | Alipay | | | | |
| 24 | 扫描 sǎomiáo | スキャンする | | | | |
| 25 | 二维码 èrwéimǎ | QRコード | | | | |
| 26 | 打 折扣 dǎ zhékòu | 割引をする | | | | |
| 27 | 点 diǎn | 注文する | | | | |

| 28 | 给 gěi | 動 与える 前 ~に（与える対象を示す） | | | | |
|---|---|---|---|---|---|---|
| 29 | 衬衫 chènshān｜衬衣 chènyī | シャツ | | | | |
| 30 | 裤子 kùzi | ズボン | | | | |
| 31 | 包 bāo | バッグ | | | | |
| 32 | 鞋子 xiézi｜鞋 xié | 靴 | | | | |
| 33 | 裙子 qúnzi | スカート | | | | |
| 34 | 其他 qítā | その他 | | | | |
| 35 | 条 tiáo | 細長い物を数える単位 | | | | |
| 36 | 双 shuāng | 対の物を数える単位 | | | | |
| 37 | 颜色 yánsè | 色 | | | | |
| 38 | 白色 báisè | 白 | | | | |
| 39 | 黑色 hēisè | 黒 | | | | |
| 40 | 红色 hóngsè | 赤 | | | | |

（会話：Q＆A）（店員と客になったつもりで）質問に答えられるか確認しましょう。

| | 質問 | 自己練習 | ✔ 1 | △ 2 | ✕ 3 |
|---|---|---|---|---|---|
| 1 | Píngguǒ hé Ānzhuó, nǎge hǎoyòng?<br>苹果 和 安卓 哪个 好用？ | | | | |
| 2 | Zhèjiàn yīfu bǐ nàjiàn hǎokàn ma?<br>这件 衣服 比 那件 好看 吗？ | | | | |
| 3 | Zhège bāo zěnmeyàng?<br>这个 包 怎么样？ （ちょっと…と伝える） | | | | |
| 4 | Nínhǎo. Nín yào diǎn shénme?<br>您好。 您 要 点 什么？ （何かを注文する） | | | | |
| 5 | Hǎode. Jiù zhèxiē ma?<br>好的。 就 这些 吗？ | | | | |
| 6 | Nínhǎo. Nín yào mǎi shénme?<br>您好。 您 要 买 什么？ （買いたい物を伝える） | | | | |
| 7 | Zhèjiàn chènshān yǒu méiyǒu L hào?<br>这件 衬衫 有 没有 L号？ | | | | |
| 8 | Zhè shuāng xiézi yǒu méiyǒu qítā yánsè?<br>这 双 鞋子 有 没有 其他 颜色？ | | | | |
| 9 | Zhè tiáo kùzi yǒu méiyǒu zhékòu?<br>这 条 裤子 有 没有 折扣？ （何%offかも答える） | | | | |
| 10 | Kěyǐ yòng Wēixìn zhīfù ma?<br>可以 用 微信 支付 吗？ （スキャン方法も答える） | | | | |

評価基準

✓：すぐ（1秒以内）に答えられた。（1点）

△：5秒以内に答えられた。（0.5点）

×：それ以上かかった／答えられなかった。（0点）

Quizlet(　単語　/　会話　)

（単語）

| | 中国語 | 日本語 | 自己練習 | ✓ 1 | △ 2 | × 3 |
|---|---|---|---|---|---|---|
| 1 | 坐［公交车｜巴士］ zuò gōngjiāochē｜bāshì | バスで | | | | |
| 2 | 坐 地铁 zuò dìtiě | 地下鉄で | | | | |
| 3 | 坐 火车 zuò huǒchē | 列車で | | | | |
| 4 | 坐 电车 zuò diànchē | 電車で（路面電車等） | | | | |
| 5 | 打车 dǎ chē｜坐（打）出租车 zuò(dǎ) chūzūchē | タクシーで | | | | |
| 6 | 走着 zǒuzhe | 歩いて | | | | |
| 7 | 走路 zǒu//lù | 歩く | | | | |
| 8 | 骑 自行车 qí zìxíngchē | 自転車で | | | | |
| 9 | 坐船 zuò chuán | 船で | | | | |
| 10 | 车站 chēzhàn（～站 zhàn） | 駅 | | | | |
| 11 | 线 xiàn | 路線 | | | | |
| 12 | 远 yuǎn | 遠い | | | | |
| 13 | 近 jìn | 近い | | | | |
| 14 | 下车 xià chē | 下車 | | | | |
| 15 | 左右 zuǒyòu | ぐらい | | | | |
| 16 | 公里 gōnglǐ | km | | | | |
| 17 | 米 mǐ | m | | | | |
| 18 | 路 lù | 道、道路 | | | | |
| 19 | 红绿灯 hónglǜdēng | 信号 | | | | |
| 20 | 路口 lùkǒu | 交差点 | | | | |
| 21 | 走 zǒu | 歩く、行く | | | | |
| 22 | 右拐 yòu guǎi | 右折する | | | | |
| 23 | 左拐 zuǒ guǎi | 左折する | | | | |

| | | | | | ✓ | △ | × |
|---|---|---|---|---|---|---|---|
| 24 | 换乘 huànchéng | 乗り換える | | | | | |
| 25 | 超市 chāoshì | スーパー | | | | | |
| 26 | 银行 yínháng | 銀行 | | | | | |
| 27 | 图书馆 túshūguǎn | 図書館 | | | | | |
| 28 | 公园 gōngyuán | 公園 | | | | | |
| 29 | 机场 jīchǎng | 空港（第1課既出） | | | | | |
| 30 | 邮局 yóujú | 郵便局 | | | | | |
| 31 | 便利店 biànlì diàn | コンビニ | | | | | |
| 32 | 洗手间 xǐshǒujiān｜厕所 cèsuǒ | トイレ、便所 | | | | | |
| 33 | 加油站 jiāyóuzhàn | ガソリンスタンド | | | | | |
| 34 | 查地图 chá dìtú | 地図を調べる | | | | | |
| 35 | 发定位 fā dìngwèi | 位置情報を送る | | | | | |

（会話：Q&A）質問に答えられるか確認しましょう。

| | 質問 | 自己練習 | ✓ 1 | △ 2 | × 3 |
|---|---|---|---|---|---|
| 1 | zěnme zǒu?<br>［　　　　］怎么 走？　（乗り換えせず行ける大学<br>所在地の観光スポットを入れる→路線と下車駅を答える） | | | | |
| 2 | Chēzhàn lí zhèr yuǎn ma?<br>车站 离 这儿 远 吗？ | | | | |
| 3 | Cóng nǐjiā dào xuéxiào yào duōcháng shíjiān?<br>从 你家 到 学校 要 多长 时间？ | | | | |
| 4 | Biànlìdiàn zěnme zǒu?　（実際のコンビニ、または<br>［便利店］ 怎么 走？　p.80 の地図のみを見て答える） | | | | |
| 5 | Xuéxiào lí chēzhàn yǒu duōyuǎn?<br>学校 离 车站 有 多远？ | | | | |
| 6 | Cóng zhèr zěnme qù Dōngjīng tǎ?<br>从 这儿 怎么 去 ［东京 塔］？　（下の乗り換え案内参<br>照） | | | | |
| 7 | Nǐ dìng de fàndiàn zài nǎr?　（場所を言う／<br>你 订 的 饭店 在 哪儿？　位置情報を送る） | | | | |

**東京駅→東京タワーの乗り換え案内例**

| JR shānshǒu xiàn　　Bīnsōngdīng zhàn　　　dìtiě Dàjiānghù xiàn |
|---|
| JR 山手 线 → 滨松町 站 → 地铁 大江户 线 |

評価基準

✓：すぐ（1秒以内）に答えられた。（1点）

△：5秒以内に答えられた。（0.5点）

×：それ以上かかった／答えられなかった。（0点）

Quizlet(　単語　／　会話　)

（単語）

| | 中国語 | 日本語 | 自己練習 | ✓ 1 | △ 2 | × 3 |
|---|---|---|---|---|---|---|
| 1 | ～完 wán | ～し終わる（結果補語） | | | | |
| 2 | ～好 hǎo | ちゃんと～する（結果補語） | | | | |
| 3 | 堵车 dǔ//chē | 渋滞する | | | | |
| 4 | 睡过 shuìguò | 寝過ごす、寝坊する | | | | |
| 5 | 迷路 mí//lù | 道に迷う | | | | |
| 6 | 赶上 gǎn//·shàng | 間に合う | | | | |
| 7 | (感)兴趣(gǎn)xìngqù | 興味（がある） | | | | |
| 8 | 事 shì | 事、用事 | | | | |
| 9 | 忘 wàng | 忘れる | | | | |
| 10 | 坏 huài | 悪い、壊れている | | | | |
| 11 | 还 hái | まだ、さらに、また | | | | |
| 12 | 马上 mǎshàng | すぐに | | | | |
| 13 | 就 jiù | すぐ、とっくに | | | | |
| 14 | 才 cái | ようやく、やっと | | | | |
| 15 | 小心 xiǎoxīn | 気を付ける | | | | |
| 16 | 晚 wǎn | （時間が）遅い | | | | |
| 17 | 慢 màn | （速度や動作が）遅い、ゆっくり | | | | |
| 18 | 睡觉 shuì//jiào | 寝る | | | | |
| 19 | 快要…了 kuàiyào…le | もうすぐ…だ | | | | |
| 20 | 没事(儿)méi//shì(r) | 大丈夫 | | | | |
| 21 | 帮助 bāngzhù | 手助けする、助ける | | | | |
| 22 | ～懂 dǒng | 理解する（結果補語） | | | | |
| 23 | 头 tóu | 頭 | | | | |
| 24 | 肚子 dùzi | お腹 | | | | |
| 25 | 眼睛 yǎnjing | 目 | | | | |

| 26 | 手 shǒu | 手 | | | | |
|---|---|---|---|---|---|---|
| 27 | 鼻子 bízi | 鼻 | | | | |
| 28 | 嗓子 sǎngzi | 喉 | | | | |
| 29 | 舒服 shūfu | 快適な、心地よい | | | | |
| 30 | 感冒 gǎnmào | 風邪を引く | | | | |
| 31 | 生病 shēng//bìng | 病気になる | | | | |
| 32 | 发烧 fā//shāo | 熱が出る | | | | |
| 33 | 受伤 shòu//shāng | けがをする | | | | |
| 34 | 疼 téng | 痛い | | | | |
| 35 | 累 lèi | 疲れる | | | | |
| 36 | 咳嗽 késou | 咳をする | | | | |
| 37 | 体温 tǐwēn | 体温 | | | | |
| 38 | 吃药 chī//yào | 薬を飲む | | | | |
| 39 | 休息 xiūxi | 休む | | | | |

（会話：Q&A）質問に答えられるか確認しましょう。

| | 質問 | 自己練習 | ✓ | △ | × |
|---|---|---|---|---|---|
| | | | 1 | 2 | 3 |
| 1 | Nǐ zěnme hái méi lái ne?　　（待ち合わせに遅れた<br>你 怎么 还 没 来 呢?　　場合を想定して答える） | | | | |
| 2 | Nǐ zěnme bù cānjiā ne?<br>你 怎么 不 参加 呢?　　（何らかの理由を答える） | | | | |
| 3 | Yīngyǔ zuòyè, nǐ xiěhǎo le ma?<br>英语 作业，你 写好 了 吗? | | | | |
| 4 | Nǐ zěnme le?<br>你 怎么 了?　　（体調が悪いことを想定して答える） | | | | |
| 5 | Nǎli bù shūfu?<br>哪里 不 舒服? | | | | |
| 6 | Nǐ shì cóng shénme shíhou kāishǐ fāshāo de?<br>你 是 从 什么 时候 开始 [发烧] 的? | | | | |
| 7 | Zhōngwén lǎoshī de huà, nǐ tīngdǒng le ma?<br>中文 老师 的 话，你 听懂 了 吗? | | | | |
| 8 | Nǐ hǎo diǎnr le ma?　　（だいぶ良くなったと<br>你 好 点儿 了 吗?　　仮定して答える） | | | | |
| 9 | Nǐ jīntiān de tǐwēn shì duōshao?　　（適当な体温<br>你 今天 的 体温 是 多少?　　で答える） | | | | |

評価基準

✓：すぐ（1秒以内）に答えられた。（1点）

△：5秒以内に答えられた。（0.5点）

×：それ以上かかった／答えられなかった。（0点）

Quizlet（　単語　／　会話　）

（単語）

| | 中国語 | 日本語 | 自己練習 | ✓ 1 | △ 2 | × 3 |
|---|---|---|---|---|---|---|
| 1 | 过 guò | 過ごす、生活する | | | | |
| 2 | 玩儿 wánr | 遊ぶ | | | | |
| 3 | 带 dài | 連れる、率いる | | | | |
| 4 | 请 qǐng | ごちそうする | | | | |
| 5 | 帮 bāng | 手伝う | | | | |
| 6 | (拿)行李(ná) xíngli | 荷物(を持つ) | | | | |
| 7 | 拍照 pāi//zhào | 写真を撮る | | | | |
| 8 | 跳舞 tiào//wǔ | ダンスをする | | | | |
| 9 | 推荐 tuījiàn | 推薦する | | | | |
| 10 | 特色菜 tèsècài | おすすめ料理 | | | | |
| 11 | 忌口 jì//kǒu | 食べられないもの | | | | |
| 12 | 生鸡蛋 shēngjīdàn | 生卵 | | | | |
| 13 | 生鱼片 shēngyúpiàn | 刺身 | | | | |
| 14 | 辣（的）là(de) | 辛い（もの） | | | | |
| 15 | 虾 xiā | エビ | | | | |
| 16 | 愉快 yúkuài | 愉快、楽しい | | | | |
| 17 | 开心 kāixīn | 楽しい、うれしい | | | | |
| 18 | 流利 liúlì | 流ちょう | | | | |
| 19 | 一般 yìbān | 普通（微妙なときに使う） | | | | |
| 20 | 虽然…但是 suīrán…dànshì | …ではあるが、しかし〜 | | | | |
| 21 | 一点儿也+否定 yìdiǎnr yě | 少しも〜ない | | | | |
| 22 | 抽烟 chōu//yān 吸烟 xī//yān | タバコを吸う | | | | |

| 23 | 停车 tíng//chē | 停車、駐車 | | | | |
|---|---|---|---|---|---|---|
| 24 | 需要 xūyào | 必要とする | | | | |
| 25 | 帮忙 bāng//máng | 手伝う、手助けをする | | | | |
| 26 | 翻译 fānyì | 翻訳する | | | | |
| 27 | 充电 chōng//diàn | 充電する | | | | |
| 28 | 张 zhāng | 平たいものを数える単位 | | | | |
| 29 | 门票 ménpiào | 入場チケット | | | | |
| 30 | 安静 ānjìng | 静か | | | | |
| 31 | 排队 pái//duì | 列に並ぶ | | | | |
| 32 | 脱 tuō | （服や靴を）脱ぐ | | | | |
| 33 | 烫 tàng | やけどさせる（ほど熱い） | | | | |

（会話：Q&A）質問に答えられるか確認しましょう。

| | 質問 | 自己練習 | ✓ 1 | △ 2 | ✕ 3 |
|---|---|---|---|---|---|
| 1 | Nǐ zuìjìn guò de zěnmeyàng?<br>你 最近 过 得 怎么样？ | | | | |
| 2 | Nǐ shuō yīngyǔ shuō de zěnmeyàng?<br>你 说 英语 说 得 怎么样？ | | | | |
| 3 | Nǐ chànggē chàng de zěnmeyàng?<br>你 唱歌 唱 得 怎么样？ | | | | |
| 4 | Nǐ yǒu shénme tuījiàn de cài ma?<br>你 有 什么 推荐 的 菜 吗？ | | | | |
| 5 | de tèsècài shì shénme?<br>［相手の出身地］的 特色菜 是 什么？ | | | | |
| 6 | Nǐ yǒu shénme jìkǒu de ma?<br>你 有 什么 忌口 的 吗？ | | | | |
| 7 | Zhèr kěyǐ pāizhào ma?<br>这儿 可以 拍照 吗？ | | | | |
| 8 | Xuéxiào li kěyǐ chōuyān ma?<br>学校 里 可以 抽烟 吗？ | | | | |
| 9 | Nín xūyào bāngmáng ma?<br>您 需要 帮忙 吗？（→写真を撮ってほしい、翻訳してほしい、どこで切符を買うか教えてほしいなど） | | | | |
| 10 | （中国語での会話に困った場合にどう対処するかを、表現しましょう） | | | | |

評価基準

✓：すぐ（1秒以内）に答えられた。（1点）

△：5秒以内に答えられた。（0.5点）

×：それ以上かかった／答えられなかった。（0点）

Quizlet（　単語　／　会話　）

（単語）

| | 中国語 | 日本語 | 自己練習 | ✓ 1 | △ 2 | × 3 |
|---|---|---|---|---|---|---|
| 1 | 加 jiā | 加える | | | | |
| 2 | 朋友圈 péngyouquān | タイムライン（モーメンツ） | | | | |
| 3 | 群里 qún li | グループチャットの中 | | | | |
| 4 | 回信 huí//xìn<br>回复 huífù | 返信する | | | | |
| 5 | 挂 guà | 通話を切る | | | | |
| 6 | 语音 yǔyīn | 音声（音声通話、音声メッセージ） | | | | |
| 7 | 发 fā | 送信する | | | | |
| 8 | 资料 zīliào | 資料 | | | | |
| 9 | 定位 dìngwèi | 位置情報（第5課既出） | | | | |
| 10 | 链接 liànjiē | リンク | | | | |
| 11 | 文件 wénjiàn | ファイル | | | | |
| 12 | 收 shōu | 受け取る | | | | |
| 13 | 有事 yǒu shì | 用事がある | | | | |
| 14 | 有约 yǒu yuē | 約束がある | | | | |
| 15 | 喂 wéi | もしもし | | | | |
| 16 | 行 xíng | 大丈夫、よい、OK | | | | |
| 17 | 见面 jiàn//miàn | 会う | | | | |
| 18 | 邮箱 yóuxiāng | メール（メールボックス） | | | | |
| 19 | 点赞 diǎn//zàn | いいね！を押す | | | | |
| 20 | 关注 guānzhù | フォローする、チャンネル登録する | | | | |
| 21 | 留言 liú//yán | メッセージ・コメント | | | | |
| 22 | 分享 fēnxiǎng | 共有する、分け合う | | | | |
| 23 | 网红 wǎnghóng | インフルエンサー | | | | |
| 24 | 种草 zhòng//cǎo | 購買意欲をかき立てる | | | | |

| 25 | 被 bèi | 〜される | | | | |
|---|---|---|---|---|---|---|
| 26 | 如果…的话<br>rúguǒ…de huà | もし…ならば | | | | |
| 27 | 记得 jìde | 覚えている | | | | |

（会話：ロールプレイ）自由に会話をつなげて話しましょう。

| | 質問 | 自己<br>練習 | ✓<br>1 | △<br>2 | ×<br>3 |
|---|---|---|---|---|---|
| 1 | **WeChat で友達を追加する。**<br>Wǒ kěyǐ jiā nǐ de Wēixìn ma?<br>我 可以 加 你的 微信 吗？ | | | | |
| 2 | **ファイルや資料を送信してもらう。**<br>Kěyǐ bǎ　　　　　 fā gěi wǒ ma?<br>可以 把 ［　　］ 发 给 我 吗？ | | | | |
| 3 | **明日一緒に〜へ行きたいと伝え、約束をする。**<br>Míngtiān nǐ yǒu kòng ma? Wǒmen yìqǐ qù　　　 ba.<br>明天　　 你 有 空 吗？我们 一起 去 ［　　］吧。 | | | | |

〈会話で困ったときに対処する〉
（コミュニケーション・ストラテジー）

相手の言葉が理解できなかったときには、会話を回避したり沈黙したりせず、言葉やイントネーション、ジェスチャーで示したり、代替手段を用いましょう。

## □1．理解できないことを示す

| |
|---|
| □嗯？Ńg?　　　え？　　　　　　　□什么？Shénme?（啥？Shá?）　　　なに？ |
| □你说什么？Nǐ shuō shénme?　　何て言ったの？ |
| □○○？（語尾を上げて分からない言葉を繰り返す） |
| □ジェスチャー（首をかしげる、耳を傾けるなど） |
| 〈発展〉□不好意思，我没听懂。Bù hǎoyìsi, wǒ méi tīngdǒng. すみません、聞き取れません。 |

## □2．繰り返してもらう

| |
|---|
| □请再说一遍。Qǐng zài shuō yíbiàn.　　　　　もう一度言ってください。 |
| □你能再说一遍吗？Nǐ néng zài shuō yíbiàn ma? もう一度言ってもらえませんか。 |

## □3．ゆっくりと言ってもらう

| |
|---|
| □请说慢点儿。Qǐng shuō màn diǎnr.　　　　ゆっくりと話してください。 |

## □4．確認する

| |
|---|
| □○○是什么意思？○○shì shénme yìsi?　　　　○○はどういう意味ですか？ |
| □確認のため繰り返す（例：六点半？　／　是○○吧？） |
| 〈発展〉□你的意思是○○吗？Nǐ de yìsi shì～ma?　○○という意味ですか？ |

## □5．直接ものや場所を指し示す　　（表現例）

| | |
|---|---|
| □这个 zhège（zhèige）/那个 nàge（nèige） | 我要这个。Wǒ yào zhège. これがほしいです。 |
| □那儿 nàr　／　这儿 zhèr | 洗手间在那儿。Xǐshǒujiān zài nàr. |
| 　那里 nàli　／　这里 zhèli | トイレはあそこです。 |

＊"那个"は、間つなぎや、時間稼ぎの言葉として使うこともできます（あのー、ええと…）。

## □6．代替手段を用いる（書く、ツールを使う、言語を変える等）

| | |
|---|---|
| □（○○）怎么写？zěnme xiě? | （○○は）どう書きますか。 |
| □你能写一下吗？Nǐ néng xiě yíxià ma? | 書いてもらえませんか。 |
| □用英语怎么说？Yòng Yīngyǔ zěnme shuō? | 英語でどう言いますか？ |
| □辞書や翻訳機（アプリ）を用いる。 | □筆談する。 |
| □英語や、やさしい日本語を使う。 | □ジェスチャーを用いる。 |

 STEP ② 〈相槌を打ったり、簡単な応答をしたりする〉

## □１．理解したことを示す

| | | |
|---|---|---|
| □我明白了。Wǒ míngbai le. | （理解して）分かった。 | |
| □我知道了。Wǒ zhīdào le. | （情報を受け取って）分かった。 |  |
| □我听懂了。Wǒ tīngdǒng le. | 聞いて理解した。 | |
| □ジェスチャーを使う　（例：ok の手） | | |

## □２．ごく簡単な言葉（相づち等）で返す

□是吗。Shì ma.　　　　　　　（軽く発音して）そうなんだ。

□真的吗? Zhēn de ma?　　　　ほんとに？

□是啊。Shì a.　　　　　　　　そうだよ。

□对啊。Duì a.　　　　　　　　そのとおりだよ。

□好啊。Hǎo a.／好的。Hǎo de.　いいよ。／分かりました。

□好吧。Hǎo ba.　　いいよ。（やや乗り気でない感じや、不本意のニュアンスを含む場合がある）

□没有啊。Méiyǒu a.　　　　　そんなことないよ。

□ok。／不 ok。　　　　　　　ok。／ダメです。（質問文：ok 吗? o 不 ok?）

□对。／对对对。Duì.／Duì duì duì.　そのとおり。そうそう。

□是这样啊。Shì zhèyàng a.　　そうなんだ。

□不知道。Bù zhīdào.　　　　　知りません。分かりません。

〈発展〉□你说得对! Nǐ shuō de duì!　あなたの言うとおり。

　　　　□就是啊。Jiùshì a.　　　　そうですね。そうなんです。

## □３．相手の発言を促す／他者に話題を振る

□你呢? Nǐ ne?　　　　　　　　　　あなたは？

　（応用例：佐藤，你呢?：佐藤さんは？）

□你觉得怎么样? Nǐ juéde zěnmeyàng?　あなたはどう思いますか？

## □４．同調したり、自分もであることを示したりする

□我也是。Wǒ yě shì.　私もです。

（応用例：我也喜欢〜。　／　我也想〜。　／　我也去过〜。）

〈発展〉□我也这么觉得。Wǒ yě zhème juéde.　私もそう思います。

## □５．励ます、ほめる

□加油! Jiāyóu!　がんばって。　□没问题的。Méi wèntí de.　きっと大丈夫だよ。

□你真棒。Nǐ zhēn bàng.すごいね。立派だね。　□好厉害。Hǎo lìhai.　（程度が）すごいね。

＊日本語の「かわいい」は、ほぼそのまま中国でも通じます（卡哇伊! Kǎwāyī!）。

STEP ③ 　〈話題を広げたり、開始したりする〉 　

## □1. 話題を広げる

| ①具体的に何を、どれくらいしたか聞く／値段を聞く | |
|---|---|
| | （表現例） |
| □什么 shénme（何、どんな） | 你吃什么了？ / 你看了什么视频？ |
| □多长时间 duōcháng shíjiān（どれくらいの時間） | 你看了多长时间视频？ |
| □多少钱 duōshao qián（いくらか） | 这件衣服多少钱？ |

| ②いつ、どこで、誰と、どのように～したのか聞く（"是…的"構文が便利です） | |
|---|---|
| □什么时候 shénme shíhou（いつ） | 你是什么时候去的？ |
| □在哪里 zài nǎli（どこで） | 你是在哪里吃的？ |
| □跟谁 gēn shéi（誰と） | 你是跟谁去的？ |
| □怎么 zěnme（どのように） | 你是怎么去 XX 的？ |

| ③理由や感想を聞く | |
|---|---|
| □为什么 wèi shénme（なぜ） | 你昨天为什么没来学校？ |
| □怎么样 zěnmeyàng（どうか） | 那个电影怎么样？ / 那个饭馆的菜怎么样？ |

| ④形容詞で質問する | |
|---|---|
| □有意思 yǒu yìsi（興味深い、面白い） | 那个动漫有意思吗？ |
| □好玩儿 hǎo wánr（遊んで面白い） | 这个游戏好玩儿吗？ |
| □好吃 hǎochī（美味しい） | 那个饭馆的菜好吃吗？ |

## □２．世間話を始める　　(表現例｜返答例)

| | |
|---|---|
| □好久不见。Hǎojiǔ bú jiàn.<br>　久しぶり。（挨拶） | 好久不见。Hǎojiǔ bú jiàn. |
| □最近怎么样? Zuìjìn zěnmeyàng?<br>　最近どう？ | 挺好的。Tǐng hǎo de. ／ 还行吧。Hái xíng ba.<br>不怎么样。Bù zěnmeyàng. ／有点儿忙。Yǒudiǎnr máng.<br>　（最近の出来事を話してもよい） |
| □最近学习（工作）忙不忙? Zuìjìn<br>xuéxí（gōngzuò）máng bu máng?<br>　最近勉強（仕事）忙しい？ | 不忙。Bù máng. ／ 很忙。Hěn máng.<br>我要写［ ］的报告。Wǒ yào xiě［ ］de bàogào.<br>快要期末考试了。Kuàiyào qīmò kǎoshì le. |
| □早上吃了吗? Zǎoshang chī le ma?<br>　朝ご飯食べた？ | 吃了。Chī le. ／ 没吃。Méi chī.<br>　　　　　→你怎么没吃呢? Nǐ zěnme méi chī ne? |
| □中午吃什么? Zhōngwǔ chī shénme?<br>　お昼何食べる？ | 我想吃［麻婆豆腐］。Wǒ xiǎng chī［Mápó dòufu］.<br>我带便当了。Wǒ dài biàndāng le. |
| □中午吃什么了?　Zhōngwǔ chī<br>　shénme le?　お昼何食べた？ | 我(在食堂)吃［拉面］了。Wǒ (zài shítáng) chī lāmiàn<br>le.<br>　［咖喱饭 gālí fàn（カレーライス）　意大利面 yìdàlì<br>　miàn（パスタ）　B套餐 Btàocān（B定食）<br>　炸猪排盖饭 zházhūpái gàifàn（カツ丼）など］ |
| □你是怎么来的? Nǐ shì zěnme lái<br>de? どうやって来たの？ | 我是［骑自行车］来的。Wǒ shì qí zìxíngchē lái de. |
| 〈発展〉□最近忙什么呢?<br>　　　　Zuìjìn máng shénme ne?<br>　　　　最近何（を忙しく）してるの？ | 忙着［打工］呢。Mángzhe dǎgōng ne.<br>　　［考驾照 kǎo jiàzhào …］<br>什么也没忙。Shénme yě méi máng.<br>闲着呢。Xiánzhe ne.　ひましてるよ。 |

> 質問するのではなく、自分から最近あった出来事などの話題を開始する
> のも良いでしょう。

37

 STEP ④ 〈その他〉

実践に役立つ会話表現を覚えたら、ここに記入しておきましょう。

Memo

①できるようになったものには★を付けておきましょう。

| | |
|---|---|
| ★☆☆ | 教科書やメモ等を見ながらならできる。 |
| ★★☆ | 相手が助け船を出してくれたり、すこし考えたりすれば何も見ずにできる。 |
| ★★★ | 何も見ないでも、流ちょうに会話できる。 |

②会話をして「コミュニケーション・シート①」にメモしましょう。

| | テーマ | 自己評価 |
|---|---|---|
| 1 | どちらが好きか／どちらがしたいか<br>（例：犬と猫、コーヒーと紅茶など） | ☆☆☆ |
| 2 | 明日の天気<br>（例：天気がどうであるか、雨が降るか、熱いか／寒いか） | ☆☆☆ |
| 3 | できるかどうか<br>（例：運転、飲酒など） | ☆☆☆ |
| 4 | 初対面の簡単な自己紹介をする<br>（例：挨拶、名前、出身地、年齢、大学名や学年、趣味など） | ☆☆☆ |
| 5 | 相手の基本情報を聞き出す<br>（例：名前、出身地、専攻、学年等） | ☆☆☆ |
| 6 | 趣味や好きなこと | ☆☆☆ |
| 7 | 呼び方（ニックネーム） | ☆☆☆ |
| 8 | 最も好きなアニメや登場人物<br>［歌手、ドラマ、推し、食べ物などでもよい］ | ☆☆☆ |
| 9 | 週末や休日（または長期休暇中）に何をしたか、どこへ行ったか | ☆☆☆ |
| | 〈応用〉相手のしたことに対して、質問や感想を述べる。 | ☆☆☆ |
| 10 | ～したことがあるか、行ったことがあるか（経験の有無） | ☆☆☆ |
| | 〈応用〉あれば、その回数について質問する。 | ☆☆☆ |
| 11 | 留学するつもりがあるか | ☆☆☆ |
| 12 | 夏休み／春休みの計画 | ☆☆☆ |
| 13 | 事物や、商品・サービスについて比較する<br>（例：どちらが～か聞く） | ☆☆☆ |

| 14 | 学校までの交通手段や時間／遠いかどうか | ☆☆☆ |
|---|---|---|
| 15 | どうやって学校に来たか（你是怎么来学校的？） | ☆☆☆ |
| 16 | 出ている宿題・課題やレポート（書き上げたか、提出したかなど） | ☆☆☆ |
| 17 | （学校に来ていない学生がいたら）どうして来ていないのか（仲の良い友達にたずねる） | ☆☆☆ |
| 18 | （直近の課の本文について）読んで理解できたか<br>→できていなければ相談しましょう。 | ☆☆☆ |
| 19 | 最近の出来事（したこと、楽しかったこと、面白い出来事など） | ☆☆☆ |
| 20 | おすすめ料理（大学の周辺で食べられるもの／地元の名物料理） | ☆☆☆ |
| 21 | 好きな食べ物や、食べられないもの | ☆☆☆ |
| 22 | WeChat で友達を追加する。（実際にアプリを使う必要はありませんが、追加方法まで確認しましょう） | ☆☆☆ |
| 23 | したいことや行きたい場所、日時を話して、会う約束をする。 | ☆☆☆ |

**Memo**（このほかに雑談で使えるようになったテーマや、表現を書いておきましょう）

# コミュニケーション・タイム（ショート）

学籍番号＿＿＿＿＿＿＿＿　　名前＿＿＿＿＿＿＿＿＿＿＿＿＿＿＿＿

◇席替えをして、授業の初めや合間に、2〜3分ほど「会話テーマ集」に沿って会話
をしましょう。

| 日付とペアの名前 | メモ（話した内容やふりかえり） |
|---|---|
| 　　月　　日<br><br>（　　　　　）さん | |
| 　　月　　日<br><br>（　　　　　）さん | |
| 　　月　　日<br><br>（　　　　　）さん | |
| 　　月　　日<br><br>（　　　　　）さん | |
| 　　月　　日<br><br>（　　　　　）さん | |

| | |
|---|---|
| 月 日<br><br>( ) さん | |
| 月 日<br><br>( ) さん | |
| 月 日<br><br>( ) さん | |
| 月 日<br><br>( ) さん | |
| 月 日<br><br>( ) さん | |
| 月 日<br><br>( ) さん | |

## コミュニケーション・タイム（初対面用）

（必要なだけ印刷してください）

学籍番号＿＿＿＿＿＿＿＿＿　名前＿＿＿＿＿＿＿＿＿＿＿＿＿＿＿＿

**ステップ1**（〜3分程度）

　初対面の人と中国語でどのような話ができるか、会話の前にイメージ・トレーニングをしておきましょう。

**ステップ2**（5分程度）

　これまで話したことのない人、名前を知らない人とペアになり、先生の合図の後、**中国語のみ**で会話をしましょう。日本語を使ってはいけません。

メモ

**ステップ3**（5分程度）

　話した内容をまとめて、どんな人だったか中国語で紹介文を書きましょう。

（紙または**LMS**で提出）

次回、この人のことを他者に紹介しましょう（このシートは見ずに！）。

《自己評価》

| ★☆☆　もっと努力が必要　　　★★☆　なんとかできた　　　★★★　ばっちりできた |
| --- |

| 中国語で挨拶できた。　　　　　　　（最大2点　★☆次回の課題　★★できた） | ☆☆ |
| --- | --- |
| 教科書等を見ずに中国語で相手に伝えられた。 | ☆☆☆ |
| 相手の質問を理解してちゃんと答えられた。 | ☆☆☆ |
| 日本語を使わず会話を進行できた。 | ☆☆☆ |
| 分からないときには、言葉（中国語）やイントネーション、ジェスチャーで示したり、代替手段を用いたりして、日本語以外の方法で解決できた。 | ☆☆☆ |
| 定型表現の応酬だけでなく、話題を膨らませることができた。 | ☆☆☆ |
| 紹介文を書くのに十分な情報が得られた。 | ☆☆☆ |
| 点数（★1つ1点で計算） | ／20 |

ふりかえり*

*これまでに使ってきた教科書や、「会話ストラテジー／フレーズ」「会話テーマ集」等を参照しながら、ペアの人とさらにどのような会話が可能であったか、どうすればより自然な会話ができるか話し合いましょう。

## コミュニケーション・タイム（自由会話）

（必要なだけ印刷してください）

学籍番号＿＿＿＿＿＿＿＿　名前＿＿＿＿＿＿＿＿＿＿＿＿＿

### ステップ1（〜3分程度）

まずは、どんなおしゃべりができそうかイメージしましょう。

### ステップ2（5分程度）

できるだけあまり話したことのない人とペアになりましょう。先生の合図の後、中国語のみで会話をしましょう。日本語を使ってはいけません。

```
メモ




```

### ステップ3（5分程度）

話した内容をまとめて、中国語で詳しく書きましょう。

```




```

（紙または LMS で提出）

## 《自己評価》

| ★☆☆　もっと努力が必要　　★★☆　なんとかできた　　★★★　ばっちりできた |
| --- |

| | |
| --- | --- |
| スムーズに会話を開始できた。　　　　（最大2点　★☆次回の課題　★★できた） | ☆☆ |
| 教科書等を見ずに中国語で相手に伝えられた。 | ☆☆☆ |
| 相手の質問を理解してちゃんと答えられた。 | ☆☆☆ |
| 日本語を使わず会話を進行できた。 | ☆☆☆ |
| 分からないときには、言葉（中国語）やイントネーション、ジェスチャーで示したり、代替手段を用いたりして、日本語以外の方法で解決できた。 | ☆☆☆ |
| 定型表現の応酬だけでなく、話題を膨らませることができた。 | ☆☆☆ |
| 明るい表情や和やかな態度で、楽しく会話ができた。 | ☆☆☆ |
| 点数（★1つ1点で計算） | ／20 |

## ふりかえり＊

＊教科書や、「会話ストラテジー／フレーズ」「会話テーマ集」「Can-do評価シート」等を参照しながら、ペアの人とさらにどのような会話が可能であったか、どうすればより自然な会話ができるか話し合いましょう。

# ◇Can-do 評価シート

①到達目標と表現例を見ながら、〜できるかどうか確認し、自己評価をしましょう。
②他者（クラスメートや、先生、TA、留学生等）に評価してもらいましょう。

| 評価基準 | |
|---|---|
| ★☆☆ 教科書やメモ等を見ながらならできる。<br>★★☆ 相手が助け船を出してくれたり、すこし考えたりすれば何も見ずにできる。<br>★★★ 何も見ないでも、流ちょうに会話できる。 |  |

## 第1課　相手の好みや選択・情報を確認する

| Can-do（到達目標） | ☑　アクション（表現例） | 自己評価 | 他者評価 |
|---|---|---|---|
| 1．どちらであるか聞き出したり、答えたりできる。 | □どちらであるかたずねたり、答えたりする。<br>（例：日本人 or 中国人、学生 or 先生、男 or 女）<br>□どちらが好きかたずねたり、答えたりする。<br>（例：犬と猫、紅茶とコーヒー、肉と魚）<br>□どちらをする／したいかたずねたり、答えたりする。<br>（例：お酒 or ソフトドリンク、パン or ごはん、ホット or アイス、これを買う or あれを買う、サッカーの試合を観たい or バスケの試合を観たい） | ☆☆☆ | ☆☆☆ |
| 2．そうであるかどうか相手に確認したり、答えたりできる。 | □そうであるかどうか確かめる。<br>（これ…あなたのもの、彼…留学生、あなたのスマホ…iPhone、今日…彼の誕生日）<br>□〜であるかどうか確かめる。<br>（例：明日…寒いか、あなたの鞄…重いか、最近…忙しいか、中国語…難しいか）<br>□〜するか／できるか／したいかどうか確かめる。<br>（例：映画を見に行くか、パソコンを買うか、お茶を飲むか、お酒を飲めるか、刺身を食べられるか、旅行に行きたいか）<br>□有るかどうか確かめる。<br>（例：新品の在庫） | ☆☆☆ | ☆☆☆ |

## 第2課　自己紹介をして知り合う

| 1. 学校や職場で知り合った人に自己紹介ができる。 | □初対面の人への挨拶をする。<br>□ごく簡単な自己紹介をする。<br>（例：挨拶、名前、どこから来たか、年齢等）<br>□出身地をたずねたり、答えたりする。<br>□大学での専攻をたずねたり、答えたりする。<br>□趣味や好きなことをたずねたり、答えたりする。<br>□学習歴をたずねたり、答えたりする。<br>（例：日本語、中国語、英語） | ☆☆☆ | ☆☆☆ |
|---|---|---|---|
| 2. 相手の個人的な情報を求めたり、提供したりできる。 | □呼び方をたずねたり、答えたりする。<br>□自分の名前の漢字を説明する。<br>□最も好きなもの・ことをたずねたり、答えたりする。<br>（例：漫画やそのキャラ、日本の料理等）<br>□いつ来たのかをたずねたり、答えたりする。 | ☆☆☆ | ☆☆☆ |

## 第3課　過去の活動や、経験・計画について話す

| 1. 過去の活動について質問したり、答えたりできる。 | □何をしたか／どこへ行ったかをたずねたり、答えたりする。<br>（例：週末、夏休み、春休み等）<br>□すでに〜したかどうか答える。<br>（例：宿題、レポート等）<br>□どのくらい〜したのかたずねたり、答えたりする。（いくつ、何着、どのくらいの時間） | ☆☆☆ | ☆☆☆ |
|---|---|---|---|
| 2. 個人の経験や計画をたずねたり、答えたりできる。 | □経験の有無についてたずねたり、答えたりする。（例：旅行・観光、飲酒、食べ物）<br>□経験した回数についてたずねたり、答えたりする。<br>□計画の有無についてたずねたり、答えたりする。（例：〜するつもりか）<br>□どのような計画かたずねたり、答えたりする。<br>（例：夏休みにどこへ行くか、春休みに何をするか） | ☆☆☆ | ☆☆☆ |

49

## 第4課　商品やサービス、好みについて話す

| Can-do（到達目標） | ☑ アクション（表現例） | 自己評価 | 他者評価 |
|---|---|---|---|
| １．商品やサービス・性質を比較したり感想を伝えたりできる。 | □<u>どちらが〜であるか確かめ</u>たり、伝えたりする。（例：使いやすい、かっこいい、見た目が良い）<br>□どちらが〜であるか<u>比較して述べる。</u><br>（例：AはBより〜だ）<br>□（比較して）<u>ちょっと〜であると伝える。</u><br>□（好ましくないことについて）ちょっと〜であると伝える。 | ☆☆☆ | ☆☆☆ |
| ２．商品やサービスを求めたり、提供したりできる。 | □<u>食事の注文を取る</u>（レストラン）。<br>（例：注文を伺う、注文する、以上であるか確認する、承る）<br>□<u>何が欲しいか</u>たずねたり、答えたりする（ショップ）。（例：バッグ、シャツ、ズボン、靴）<br>□<u>在庫や値引きの有無を伝える。</u><br>（例：サイズ、在庫、色、値引き）<br>□<u>支払い方法を確認する。</u><br>（例：WeChat Pay、Alipay、クレジットカード、銀聯カード。電子マネーの場合スキャン方法） | ☆☆☆ | ☆☆☆ |

## 第5課　住んでいる町の交通について話す

| | ☑ アクション（表現例） | 自己評価 | 他者評価 |
|---|---|---|---|
| １．単純な方法であれば、目的地までの交通手段や時間を説明できる。 | □<u>目的地までの交通手段</u>をたずねたり、答えたりする。（例：どうやって行くか→路線名と下車駅を答える）<br>□<u>遠いかどうか</u>たずねたり、答えたりする。<br>（例：駅⇔ここ、家⇔学校など）<br>□<u>所要時間</u>をたずねたり、答えたりする。<br>（例：家→学校、駅→空港、ここ→観光地など） | ☆☆☆ | ☆☆☆ |
| ２．簡単な道案内や乗り換え案内ができる。 | □<u>どうやって行くか</u>たずねたり、答えたりする。<br>（徒歩）（例：進行方向、曲がる場所、曲がる方向）<br>□<u>距離</u>をたずねたり、答えたりする。（km,m）<br>（例；学校⇔駅、家⇔駅）<br>□<u>目的地までの乗り換え案内をする。</u><br>（例：路線名→乗り換え駅→路線名）<br>□<u>地図やスマートフォンを用いる。</u><br>（例：位置情報を送る、地図を調べる） | ☆☆☆ | ☆☆☆ |

## 第6課　事情や状況・体調について話す

| | | | |
|---|---|---|---|
| 1．事情や状況をたずねたり、簡単な言葉で答えたりできる。 | □事情をたずねる。<br>（例：まだ来ていない理由、参加しない理由、まだ〜していない理由）<br>□ちゃんとできたか、〜し終わったか確認する。<br>（例：英語の宿題、本、睡眠等）<br>□遅れそうなときに、いつ着くかを説明する／それに返信する。（例：理由、いつ着くかを告げる→大丈夫だと告げ、気づかう） | ☆☆☆ | ☆☆☆ |
| 2．体調についてたずねたり、気づかったりできる。 | □体調をたずねる。<br>（例：どうしたのか→気分が悪い、風邪を引いた、熱が出た、けがをした）<br>□気づかう<br>□どこの調子が良くないか確かめる。<br>（例：どこの調子が良くないのか→お腹・頭・喉が痛い、鼻・目がかゆい、目が疲れた、咳が出る）<br>□いつから症状が出始めたか確認する。<br>（例：昨日、おととい、〜日前、〜曜日）<br>□（見て、聞いて）理解できたか確認する。<br>（例：医者の話、薬の説明）<br>□その後の経過をたずねる。 | ☆☆☆ | ☆☆☆ |

## 第7課　おもてなしをする

| | | | |
|---|---|---|---|
| 1．日本での生活を気づかったり、おもてなししたりできる。 | □日本での生活を気づかう。<br>（例：日本語での暮らしについて）<br>□〜するのがどのようであるか確かめる。<br>（例：日本語を話す、歌を歌う、踊る、料理を作る）<br>□苦手な食べ物やアレルギーのあるものを確認する。<br>□おすすめ料理を紹介する。（地元の名物料理／大学近くでのおすすめ料理）<br>□手助けやごちそうを提案する。<br>（例：〜へ連れて行く、〜をごちそうする、〜を手伝う） | ☆☆☆ | ☆☆☆ |

| | ☑ アクション（表現例） | 自己評価 | 他者評価 |
|---|---|---|---|
| ２．困っている観光客の手助けや、簡単な案内ができる。 | □<u>許可されて～できるかどうかたずねたり、答えたりする。</u>（例：タバコ、写真撮影、駐車、電話）<br>□**手助けが必要かの確認をする。**<br>（例：写真撮影や翻訳をしてもらいたい、どこで［チケットを買う／充電する／Wi-Fi につなぐ］ことができるか等）<br>□**お願いや注意喚起をする。**<br>（例：①静かにしてほしい、ここに並んでほしい、靴を脱いでほしい　②大声で話さないでほしい、ここでタバコを吸わないでほしい、ここで写真撮影しないでほしい　③やけどをしないように気を付けてほしい）<br>□**中国語での会話に困ったときに対処する。**<br>（例：書いてもらう、翻訳機を使う、英語ややさしい日本語を使う） | ☆☆☆ | ☆☆☆ |

## 第8課　オンラインでやりとりする

| Can-do（到達目標） | ☑ アクション（表現例） | 自己評価 | 他者評価 |
|---|---|---|---|
| １．通話アプリでつながり、オンラインで簡単なやりとりができる。 | □**WeChat や LINE で友達を追加する。**<br>（例：スキャン方法の確認等）<br>□**位置情報や、写真・資料等のやりとりをする。**<br>（例：資料、位置情報、リンク、写真、ファイル）<br>□**通話を終了する。**<br>□**オンラインで都合を確かめ、会う約束をする。**<br>（例：空いている時間の確認、提案、会う場所の約束等） | ☆☆☆ | ☆☆☆ |
| ２．SNS で友達の投稿に返信したり、コメントを残したりできる。 | □相づちをうつ（了承、肯定、同意等）<br>□**驚く、納得する、疑う**<br>□**笑う、関心を伝える**<br>□**聞き返す**<br>□**質問する**<br>□**感想・気持ちを伝える**<br>□**同調する** | ☆☆☆ | ☆☆☆ |

**中国語ポートフォリオ2**

使って学ぶ！中国語コミュニケーション 2

―CEFR A1-A2 レベル―

付属教材

© 2022 年　9 月 30 日 初 版 発 行

著　者　　　　　　　　　　　　寺西光輝

発行者　　　　　　　　　　　　原　雅　久
発行所　　　　　　　　株式会社 朝日出版社
〒101－0065　東京都千代田区西神田 3－3－5
電話(03)3239-0271・72（直通）
振替口座　東京　00140-2-46008
http://www.asahipress.com/

❸ 以下のスクリプトを見ながら、もう一度会話１を聞きましょう。 🔊 22

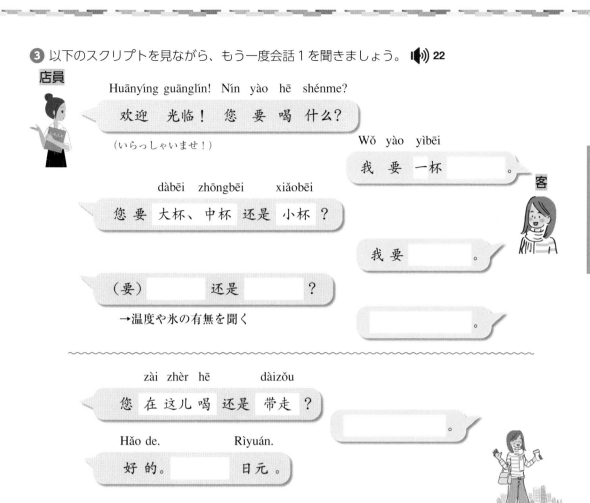

**店員**

Huānyíng guānglín! Nín yào hē shénme?
欢迎 光临! 您 要 喝 什么?
（いらっしゃいませ！）

您要 大杯、中杯 还是 小杯 ？
dàbēi zhōngbēi xiǎobēi

（要） □□□□ 还是 □□□□ ？
→温度や氷の有無を聞く

**客**

Wǒ yào yìbēi
我 要 一杯 □□□□ 。

我 要 □□□□ 。

□□□□

您 在 这儿 喝 还是 带走 ？
zài zhèr hē dàizǒu

□□□□

好 的。 □□□□ 日元 。
Hǎo de. Rìyuán.

❹ 店員の音声に対してメニューを見ながら自由に注文しましょう。 🔊 24

❺ （ロールプレイ） 中国人観光客への接客を想定してペアで練習しましょう。

| | (　　　　　　　) さん | (　　　　　　　) さん |
|---|---|---|
| 飲み物 | (　　　　) ＿＿杯 | (　　　　) ＿＿杯 |
| サイズ | L　　M　　S | L　　M　　S |
| 温度 | ホット　　アイス | ホット　　アイス |
| 氷 | 要　　　不要 | 要　　　不要 |
| テイクアウト | 持ち帰らない　持ち帰る | 持ち帰らない　持ち帰る |
| 値段 | (　　　　　) 円 | (　　　　　) 円 |

## 1 "A 还是 B" (選択疑問文)

· A 还是 B ?
「A か、それとも B か」

Nǐ shì Rìběnrén háishi Zhōngguórén?
你 是 日本人 还是 中国人？
(あなたは日本人ですか、それとも中国人ですか。)

Nǐ xǐhuan chī mǐfàn, háishi xǐhuan chī miànbāo?
你 喜欢 吃 米饭， 还是 （喜欢） 吃 面包？
(あなたはご飯が好きですか、それともパンが好きですか。)

· 文末の "吗" は不要です。
· 後半で重複する部分は省略されることがあります。

## 2 反復疑問文

肯定と否定を組み合わせて聞く疑問文を、「反復疑問文」と言います。

Zhèige shì bu shì nǐ de?
1. "是" の文　这个 是 不 是 你 的？　　≒ 这个是你的吗？
（これはあなたのですか。）

Míngtiān lěng bu lěng?
2. 形容詞述語文　明天 冷 不 冷？　　≒ 明天冷吗？
（明日は寒いですか。）

Nǐ qù bu qù Zhōngguó liúxué?
3. 動詞述語文　你 去 不 去 中国 留学？　　≒ 你去中国留学吗？
（あなたは中国へ留学に行きますか。）

Zhèige yǒu méiyǒu xīnde?
4. "有" の文　这个 有 没有 新的？　　≒ 这个有新的吗？
（これは新しいのはありますか。）

Nǐ xiǎng bu xiǎng qù mǎi dōngxi?
5. 助動詞を使う文　你 想 不 想 去 买 东西？　　≒ 你想去买东西吗？
（あなたは買い物に行きたいですか。）

· 文末の "吗" は不要です。
· 間の "不" bù は一般的に軽声で読まれます。

## ▌▌発展学習

gēn
・跟「〜と」

Wǒ gēn tā yìqǐ qù kàn diànyǐng.
我 跟 他 一起 去 看 电影。

（私は彼と一緒に映画を見に行きます。）

---

## 文法解説 + α（もっと知りたいひと向け）

"吗" の疑問文と反復疑問文はなにが違うの？

どちらも同じように使えますが、以下のようなニュアンスの違いがあります。

1．"吗" の疑問文は、<u>肯定か否定かの答えを予測して、それを確かめる場合</u>などに使います。

这个是你的吗? （これはあなたのですか？）

これあなたのものですよね？
or（違うとは思うけど、）あなたの？

2．反復疑問文は、<u>その答えがどちらであるか予測せずにたずねる場合</u>や、<u>相手にどちらであるかは</u>
<u>っきりと回答を求める場合</u>に使います（ただし、目上の人には失礼になる場合があります）。

这个是不是你的? （これはあなたのですか？）

あなたのものなの？あなたのものじゃないの？
（どっちなの？）

⚠ "你是不是中国人？" のように聞くと、「あなたは（それでも／本当に）中国人なの？」
と批判するニュアンスになる場合がありますので、注意しましょう。

# 自己紹介をして知り合う

**1** 学校や職場で知り合った人に簡単な自己紹介ができる。

> ここからは、日本語や中国語で想像しましょう。

**ウォームアップ**

◆あなたは自己紹介をする際にどんなことを話しますか。また、魅力的な自己紹介とはどのようなものでしょうか。

　　1．クラスやサークルでの自己紹介で　　2．知り合った個人に

● **キーワード1（事前学習）** ✐

**1** 単語を聞いて、発音しましょう。 🔊 **26**

**専攻**

| a.专业 zhuānyè　専攻 | d.教育 jiàoyù　教育 | g.工学 gōngxué　工学 |
|---|---|---|
| b.文学 wénxué　文学 | e.经济 jīngjì　経済 | |
| c.外语 wàiyǔ　外国語 | f.法律 fǎlǜ　法律 | |

**好きなこと（趣味）**

| | |
|---|---|
| a.看漫画 kàn mànhuà　漫画を読む | f.健身 jiànshēn　健康のための運動 |
| b.看动漫 kàn dòngmàn　アニメを見る | g.逛街 guàng//jiē　街をぶらつく |
| c.看电视剧 kàn diànshìjù　ドラマを見る | h.刷*手机 shuā shǒujī　スマホをいじる |
| d.听音乐 tīng yīnyuè　音楽を聴く | i.玩游戏 wán yóuxì　ゲームをする |
| e.跑步 pǎo//bù　ジョギングする | j.打乒乓球 dǎ pīngpāngqiú　卓球をする |

> ＊"刷"shuā は、もともと「拭く」「磨く」などの意味です。転じてスマートフォンでページをめくったり更新したりする動作のことを言います。

**都市や地域**

| a.北京 Běijīng　北京 | d.重庆 Chóngqìng　重慶（じゅうけい） | g.广州 Guǎngzhōu　広州（こうしゅう） |
|---|---|---|
| b.上海 Shànghǎi　上海 | e.成都 Chéngdū　成都（せいと） | h.深圳 Shēnzhèn　深圳（しんせん） |
| c.天津 Tiānjīn　天津 | f.杭州 Hángzhōu　杭州（こうしゅう） | i.台湾 Táiwān　台湾 |

**②** 自己紹介／会話を聞いて選びましょう。

> 会話をすべて理解する必要はありません。

（1）自己紹介を聞いて書きましょう。

| | 🔊 27 | 🔊 28 | 🔊 29 |
|---|---|---|---|
| | Zhāng Yí<br>例）张 怡 | Yáng Yīrán<br>杨 依然 | Wáng Jié<br>王 杰 |
| 来自〜 láizì：<br>〜から来た<br><br>どこから？ | 上海 | | |
| 年齢は？ | （ 20 ）歳 | （　　　）歳 | （　　　）歳 |
| 専攻は？ | 文学 | | |
| 好きなことは？ | 健身 | | |

（2）この3人の会話を聞いて書きましょう。 🔊 30

| 日本語学習歴は？ | | （　　　）年 | （　　　）ヶ月 |
|---|---|---|---|

◆準備（事前学習）

**①** あなたは普段何をして過ごすのが好きですか。書きましょう。

| ピンイン | |
|---|---|
| 簡体字 | |

（単語や付属教材にないものは自分で調べましょう。）

**②** あなたの出身地（都道府県や都市）と、専攻を書きましょう。

| ピンイン | | |
|---|---|---|
| 簡体字 | | |
| | 出身地 | 専攻 |

第2課

自己紹介をして知り合う

25

 授業

アクション1 簡単な自己紹介や、やりとりをする。

①会話例を聞きましょう。

②シャドーイングをしましょう（会話例を見ながら→何も見ずに）。

③発表や会話の練習をしましょう（個人／ペア）。

④【応用】教科書を見ずに、実際のことで発表したり答えたりしましょう。

**1** 自己紹介で挨拶をして、ごく基本的な個人情報を述べる。 🔊 31

Dàjiā hǎo!
大家 好！*
（みなさんこんにちは。）

Wǒ jiào Zhāng Yí.
我 叫 张 怡。
（チョウイです。）

Wǒ láizì Zhōngguó Shànghǎi.
我 来自 中国 上海。
（中国の上海から来ました。）

Jīnnián èrshí suì.
今年 二十 岁。 （今年二十歳です。）

\*個人に対しては"你好！"大勢でない複数人に対しては"你们好！"と言いましょう。

**2** 出身地をたずねたり、答えたりする。 🔊 32

Nǐ shì nǎli rén?
你 是 哪里 人？
（出身はどちらですか。）

Wǒ shì Běijīng rén.
我 是 北京 人。
（北京出身です。）

 Běijīng
① 北京

 Tiānjīn
② 天津

 Shēnzhèn
③ 深圳

 Dōngjīng
④ 东京

\*お互いの国籍を知らない段階では、"我是中国人 / 日本人。"のように答えることもあります。

**3** 大学での専攻をたずねたり、答えたりする。 🔊 33

Nǐ de zhuānyè shì shénme?
你 的 专业 是 什么？
（あなたの専攻は何ですか。）

Wǒ de zhuānyè shì jiàoyù.
我 的 专业 是 教育。
（私の専攻は教育です。）

 jiàoyù
① 教育

 jīngjì
② 经济

 fǎlǜ
③ 法律

 wénxué
④ 文学

4 趣味や好きなことをたずねたり、答えたりする。 🔊 34

Nǐ píngshí xǐhuan zuò shénme?
你 平时 喜欢 做 什么？
（あなたは普段何をするのが好きですか。）

Wǒ xǐhuan kàn dòngmàn.
我 喜欢 看 动漫 。
（私はアニメを見ることが好きです。）

| kàn dòngmàn | jiànshēn | wán yóuxì | tīng yīnyuè |
|---|---|---|---|
| ① 看 动漫 | ② 健身 | ③ 玩 游戏 | ④ 听 音乐 |

＊趣味（"爱好" àihào）を聞くには、"你的爱好是什么？""你有什么爱好？"などと言います。

5 学習歴をたずねたり、答えたりする。 🔊 35

文法理解 1（p.38）

Nǐ xuéle duōcháng shíjiān Rìyǔ?
你 学了 多长 时间 日语？
（あなたはどれくらい日本語を勉強しましたか。）

Wǒ xuéle bànnián Rìyǔ.
我 学了 半年 日语 。
（私は半年間日本語を勉強しました。）

| Rìyǔ bànnián | Zhōngwén liǎng ge yuè | Yīngyǔ qīnián |
|---|---|---|
| ① 日语…半年 | ② 中文…两个月 | ③ 英语…七年 |

場面 1

1 何も見ずに聞きましょう。 🔊 36

（ヒント：自己紹介をしています。）

⇒ 問い 自己紹介しているのはどんな人ですか。分かったことを話し合いましょう。

2 単語を確認して、もう一度聞きましょう。

☆除了～（以外），还…chúle ～ (yǐwài), hái… ～のほかに、さらに… ・料理 liàolǐ 料理
・正宗 zhèngzōng 本場の ・寿司 shòusī 寿司 ☆认识 rènshi 見知っている、知り合う

**3** 本文を見ながら音声を聞きましょう。 🔊 36

Dàjiā hǎo! Wǒ jiào Liú Yuè. Láizì Zhōngguó Běijīng.
大家 好！ 我 叫 刘 月。 来自 中国 北京。

Wǒ shì Qìnghuá dàxué èr niánjí de xuésheng.
我 是 庆华 大学 二 年级 的 学生。

Wǒ de zhuānyè shì jīngjì. Wǒ zài dàxué xuéle bànnián
我 的 专业 是 经济。 我 在 大学 学了 半年

Rìyǔ. Wǒ xǐhuan kàn Rìběn de mànhuà.
日语。 我 喜欢 看 日本 的 漫画。

Chúle Rìběn de mànhuà, wǒ hái hěn xǐhuan Rìběn liàolǐ.
除了 日本 的 漫画, 我 还 很 喜欢 日本 料理。

Wǒ xiǎng zài Rìběn chī zhèngzōng de shòusī.
我 想 在 日本 吃 正宗 的 寿司。

Hěn gāoxìng rènshi dàjiā. Xièxie!
很 高兴 认识 大家。 谢谢！

◆ **語彙** ◆ 🔊 37

☆来自 láizì ～から来る　●庆华大学 Qìnghuá dàxué 慶華大学（北京にある架空の大学）
★除了～（以外），还… chúle ～（yǐwài），hái…～のほかに、さらに…　●正宗 zhèngzōng 本場の、正当な
☆高兴 gāoxìng うれしい　☆认识 rènshi 見知っている、知り合う

## 1-1. 活動（A） （インフォメーション・ギャップ→左側の人は p.136 を参照）

① 例を聞いてから、張さんの自己紹介を再現しましょう。

② ペアになり、「あなた」のところのみを参照し、自己紹介をしましょう。

③ 「相手」の自己紹介を聞いて、書きましょう。

| | 例 🔊 38 | あなた | 相手 |
|---|---|---|---|
| | | | |
| 名前 | Zhāng Yí 张怡 | Wáng Wěi 王伟 | Mǎlì （　　　）玛丽 |
| ～から来た | Shànghǎi 上海 | Běijīng 北京 | |
| 専攻 | wénxué 文学 | jīngjì 经济 | |
| 日本語学習歴 | 1 年 | 2 年 | |
| 好きなこと | jiànshēn 健身 | wán yóuxì 玩 游戏 | |

## 1-2. 活動

① 会話例を聞きましょう。 🔊 39

例）

你好！我叫　　　　　　。

你好！我叫　　　　　　。

你是哪里人？

② （インタビュー） 例に従って、相手（1 人～2 人）に質問して書きましょう。

| 名前 | （　　　　　　　　　　　） | （　　　　　　　　　　　） |
|---|---|---|
| 出身地 | | |
| 好きなこと | | |
| 学習歴 | 中文　　　　英语 | 中文　　　　英语 |

## Can-do

**2** 相手の個人的な情報を求めたり、提供したりできる。

### ウォームアップ

◆知り合った中国語圏からの留学生と仲良くなるためには、まずは相手のどんなことを聞き出す とよいでしょうか。またどんなことが共通の話題になりそうですか。

### キーワード 2（事前学習）

**1** 単語を聞いて、発音しましょう。 🔊 40

#### 姓

| | | | | |
|---|---|---|---|---|
| a.王 Wáng | c.张 Zhāng（張） | e.陈 Chén（陳） | g.黄 Huáng | i.吴 Wú（呉） |
| b.李 Lǐ | d.刘 Liú（劉） | f.杨 Yáng（楊） | h.赵 Zhào（趙） | j.周 Zhōu |

#### 時間を表す言葉

a.上（个）〜 shàng ge 前の

b.下（个）〜 xià ge 次の

c.〜年前 nián qián 〜年前

#### 好きな日本料理

a.寿司 shòusī 寿司

b.生鱼片 shēngyúpiàn 刺身

c.天妇罗 tiānfùluó 天ぷら

d.乌冬面 wūdōngmiàn うどん

### 補充ワード

自分の好きなアニメがあれば、言えるようになりましょう。

#### 好きな日本のアニメ

a.哆啦 A 梦 Duō lā A mèng　　　　　ドラえもん

b.名侦探柯南 Míngzhēntàn Kēnán　　名探偵コナン

c.龙珠 Lóngzhū　　　　　　　　　　ドラゴンボール

d.海贼王 Hǎizéiwáng　　　　　　　　ONE PIECE（ワンピース）

e.火影忍者 Huǒyǐng rěnzhě　　　　　ナルト

f.蜡笔小新 Làbǐ Xiǎo Xīn　　　　　　クレヨンしんちゃん

g.精灵宝可梦 Jīnglíng Bǎokěmèng　　ポケモン

h.樱桃小丸子 Yīngtáo Xiǎo Wánzǐ　　ちびまる子ちゃん

**2** 音声を聞いて選びましょう。

◆ それぞれの人が自己紹介をしています。

（1）姓を選びましょう（キーワードのアルファベットから選択）。 🔊 41

| ① | ② | ③ | ④ | ⑤ |

（2）会話や自己紹介を聞いて選びましょう（好きな料理やアニメは、キーワードから選択）。

| | ① 张怡 🔊 42 | ② 刘月 🔊 43 | ③ 花泽健 🔊 44 |
|---|---|---|---|
| ニックネーム | a（小张） | | |
| いつ日本に来たか | 一年前 | 先月 | |
| 好きな日本料理 | d（乌冬面） | | |
| 好きなアニメ | | | |

【ニックネーム】 a. 小张 Xiǎo Zhāng　　b. 怡怡 Yíyi　　c. 月月 Yuèyue
　　　　　　　　d. 月酱 Yuèjiàng　　e. 健健 Jiànjian　　f. 小健 Xiǎo Jiàn

◆準備（事前学習）

**1** 中国語で書きましょう（補充ワードにないものは調べましょう）。

| 自分の好きなアニメ | 好きな登場人物 |
|---|---|
| | |

（好きなアニメがなければ、小説、ドラマ、アイドルグループ等の名前や、推しキャラ／人物を書きましょう。）

**2** 2-1（活動）①②に、自分の名前を説明するための単語や、中国の友達に伝えるニックネームを記入しましょう。

＊ニックネームの作り方は、次ページのアクション2の **1** を参照してください（基本的に自由です）。

 授業

アクション2 交流を始めるため、相手の基本的な情報を聞き出す。

①会話例を聞きましょう。

②シャドーイングをしましょう（会話例を見ながら→何も見ずに）。

③会話練習をしましょう（ペア）。

④【応用】 1 と 2 について教科書を見ずに、実際のことで答えましょう。

**1** 呼び方をたずねたり、答えたりする。 🔊 45

文法理解 2 (p.38)

Wǒ yīnggāi zěnme chēnghu nǐ?

我 应该\* 怎么 称呼\* 你?

（あなたのことをどう呼べばいいですか。）

Jiào wǒ Měilíng jiù hǎo.

叫 我 美玲 就\* 好。

（美玲と呼んでくれればいいですよ。）

\*应该：～すべき　\*称呼：呼ぶ

\*就：～であれば…だ

Měilíng
① 美玲

Wáng Yáng
② 王 洋

Yuèjiàng
③ 月酱\*

Xiǎo Zhāng
④ 小 张

Jiànjian
⑤ 健健

（タケル）
⑥ TAKERU

（アンジェラ）
⑦ Angela

\* "酱" は、日本語の「ちゃん」の音訳です。"桑" sāng（～さん）などとともに、日本に関連のある人や、アニメ好きの人たちの間でよく使われています。

―― 呼びかけ方／ニックネームの付け方 ――

①下の名前を呼ぶ（仲が良い友達や後輩を呼ぶ場合など。ただし、一文字の場合は不可）。②フルネームの呼び捨て（ただしこの場合の返答として、三文字以上の名前はふさわしくありません）。③上記参照。④姓（一文字）の前に "小"、"老" lǎo（年上）を付ける。　⑤同じ文字を二回くり返す。　⑥そのまま日本名で呼んでもらう。　⑦英語名を名乗る（特にビジネスの場面）。

　なお、大学の先輩には、"学长" xuézhǎng（男の先輩）、"学姐" xuéjiě（女の先輩）などと呼びかけます。また特に仲の良いすこし年上の人を、"姐" jiě, "哥" gē などと呼んだり、あるいは名前を先に付けて "月姐", "洋哥" のように呼ぶこともあります。

**2** 最も好きなもの・ことをたずねたり、答えたりする。 🔊 46

Nǐ zuì xǐhuan de dòngmàn shì shénme?

你 最 喜欢 的 动漫 是 什么？

（一番好きなアニメは何ですか。）

Wǒ zuì xǐhuan Hǎizéiwáng.

我 最 喜欢 海贼王。

（ワンピースです。）

| dòngmàn | | Hǎizéiwáng | Lóngzhū | diànshìjù | | Sānguózhì |
|---|---|---|---|---|---|---|
| ① 动漫 | … | 海贼王 | 龙珠 | ② 电视剧 | … | 三国志 |
| juésè shéi | | Lùfēi | Tiānjīnfàn | rénwù | | Guānyǔ |
| 角色*（谁） | … | 路飞* | 天津饭 | 人物（谁） | … | 关羽* |
| Rìběn liàolǐ | | shòusī | tiānfùluó | gēshǒu | | Zhōu Jiélún |
| 日本 料理 | … | 寿司 | 天妇罗 | 歌手（谁） | … | 周 杰伦* |

＊角色：登場人物、配役　＊路飞：ルフィー　＊关羽：関羽　＊周杰伦：ジェイ チョウ（台湾の歌手）

**3** いつ来たのかをたずねたり、答えたりする。 🔊 47　　▶文法理解3 (p.39)

Nǐ shì shénme shíhou lái Rìběn de?

你 是 什么 时候 来 日本 的？

（あなたはいつ日本に来たのですか。）

Wǒ shì shàng xīngqī lái Rìběn de.

我 是 上 星期 来 日本 的。

（先週日本に来たのです。）

| shàng xīngqī | shàng ge yuè | liǎng nián qián | èr líng yī bā nián |
|---|---|---|---|
| ① 上 星期 | ② 上 个 月 | ③ 两 年 前 | ④ 二 零 一 八 年 |

---

場面2

**1** 何も見ずに聞きましょう。 🔊 48

（ヒント：劉月さんの自己紹介のあとに、みんなから質問が出ています。）

⇒ 問い　まわりからどんな質問が出て、どう答えましたか。話し合いましょう。

**2** 単語を確認して、もう一度聞きましょう。

・习惯 xíguàn 慣れる　☆还 hái まだ　☆听不懂 tīng bu dǒng 聞き取れない

**3** 本文を見ながら音声を聞きましょう。 🔊 48

林： Wǒmen yīnggāi zěnme chēnghu nǐ?
我们 应该 怎么 称呼 你?

刘： Jiào wǒ Yuèjiàng jiù hǎo.
叫 我 月酱 就 好。

林： Nǐ zuì xǐhuan de mànhuà shì shénme?
你 最 喜欢 的 漫画 是 什么?

刘： Hǎizéiwáng. Wǒ tèbié xǐhuan Lùfēi.
海贼王。 我 特别 喜欢 路飞。

佐藤： Nǐ shì shénme shíhou lái Rìběn de?
你 是 什么 时候 来 日本 的?

刘： Wǒ shì shàng ge yuè lái de.
我 是 上 个 月 来 的。

佐藤： Rìběn de shēnghuó xíguànle ma?
日本 的 生活 习惯了 吗?

刘： Hái bútài xíguàn. Wǒ tīng bu dǒng Rìyǔ.
还 不太 习惯。 我 听 不 懂 日语。

◆ 語彙 ◆ 🔊 49

☆应该 yīnggāi 〜すべき
☆怎么 zěnme どのように、どうやって
☆称呼 chēnghu 呼ぶ

●习惯 xíguàn 慣れる

☆还 hái まだ
☆听不懂 tīng bu dǒng 聞いて理解できない、聞き取れない

**2-1.** **活動** 自分の名前の漢字と呼び方を伝えましょう。

Nǐhǎo! Wǒ xìng Huāzé, jiào Huāzé Jiàn.
你好！我 姓 花泽，叫 花泽 健。

Yīnghuā de huā, guāngzé de zé, jiànkāng de jiàn.
樱花 的 花，光泽 的 泽，健康 的 健。

❶ 上段に自分の名前の簡体字、下段にそれを説明するための単語を書きましょう。

| 例) 花 | | | | |
|---|---|---|---|---|
| yīnghuā<br>樱花 | | | | |

＊もしあなたが、佐藤、鈴木、田中などの中国でも有名な姓であれば、普通はわざわざその漢字を伝える必要はありません。下の名前の漢字を伝えましょう。

❷ あなたは中国語圏の友達に、どう呼んでもらいたいですか。書きましょう。

_____ (ニックネームの付け方参照→ p.32)

❸ クラスメートに上の例文に沿って名前を紹介してもらいましょう。その後呼び方（ニックネーム）についてたずねましょう。

| 友達の呼び方 | | |
|---|---|---|
| | | |

**2-2.** **活動** 最も好きなアニメや登場人物を聞いて書きましょう。

| （　　　　　　　　　）さん | （　　　　　　　　　）さん |
|---|---|
| | |

＊相手がアニメに興味が無ければ、电视剧 diànshìjù ／小说 xiǎoshuō ／偶像团体 ǒuxiàng tuántǐ（アイドルグループ）や、角色 juésè ／人物 rénwù（推しのキャラやメンバー）について聞きましょう。

## タスク ❷

テーマ あなたのゼミで、オンライン国際協働学習が実施されることになりました。初回には、ともに学ぶ中国の大学生相手に自己紹介をします。自己紹介後のグループセッションでも、いろいろ質問等のやりとりがありそうです。準備しておきましょう。

事前課題

STEP 1 表現例を参照して、20秒程度のごく簡単な自己紹介を作り、評価基準を確認して練習しましょう。 >> 付属教材 (p.14-15)

＊表現例を全部使うのではなく、自分がアピールしたいことのみを短くまとめ、覚えられる範囲で自分なりの自己紹介にしましょう。

STEP 2 自己紹介後には、さらにどんなことを聞かれそうですか？考えたら、音声を聞いて質問に答えてみましょう。 🔊 50

STEP 3 チェックリストに記入しましょう。 >> 付属教材 (p.15)

授業

タスク前活動（仲介） あなたのサークルに中国からの短期留学生が見学に来ました。中国語を学んでいるあなたは通訳を頼まれています。

❶ペアを作り、それぞれ下の2人のうち一方の自己紹介を聞いて、どんな人かを相手に日本語で伝えましょう（1人ずつ違う人を担当します）。

担当（　　　　　　　　　　　　　　　　　）　　（　　　　　　　　　　　　　　　　　）

🔊 51　メモ✏　　　　　　　　　　🔊 52　メモ✏

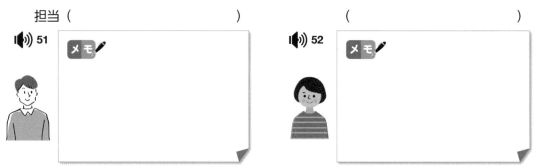

＊全部を通訳する必要はありません。要点のみを伝えましょう。

タスク 👫👫 《以下メモを見てはいけません》

❶ クラスで話したことのない人、名前を知らない人と３人程度のグループになり、準備した簡単な自己紹介をしましょう。

◆発表を聞いて分かったこと☑

（一人目：　　　　　　　　さん）

┌─────────────────────────────────────────────┐
│ □呼び方　　□出身地　　□年齢　　□学年　　□専攻　　□趣味　　□中国語学習歴 │
│ 発展：(□サークル　　□将来の夢　　□その他) │
│ メモ │
│ │
│ │
│ │
└─────────────────────────────────────────────┘

（二人目：　　　　　　　　さん）

┌─────────────────────────────────────────────┐
│ □呼び方　　□出身地　　□年齢　　□学年　　□専攻　　□趣味　　□中国語学習歴 │
│ 発展：(□サークル　　□将来の夢　　□その他) │
│ メモ │
│ │
│ │
│ │
└─────────────────────────────────────────────┘

❷自己紹介をした相手から、その他の情報（自己紹介に含まれなかった内容）をさらに聞き出しましょう。

┌─────────────────────────────────────────────┐
│ メモ🖊 │
│ │
│ │
│ │
│ │
│ │
└─────────────────────────────────────────────┘

❸自己評価とふりかえりを書きましょう。　▶ 付属教材 (p.6)

第2課

自己紹介をして知り合う

## 1 実現・完了の "了"

目的語の前に、時間・数量などの修飾語が付く場合、"了" は動詞の直後に置きます。

・動詞 + "了" + 時間量・数量等 + 目的語
「〜した」

Wǒ xuéle bànnián Zhōngwén.
我 学了 半年 中文。
（私は半年間中国語を学びました。）

次の文の形に注意しましょう！
例)
① 我 学 中文 了。（私は中国語を学びました。）←目的語の前に修飾語が無い
② 我 学了 半年 中文。（私は半年間中国語を学びました。）

《応用》
なお、②の文型の場合、さらに文末にも "了" を付けると、現時点までそれが続いていることを示します。
③ 我 学了 半年 中文 了。（私は半年間中国語を学んでいます。）

## 2 "应该"

yīnggāi
・应该
「〜すべき」

Wǒmen yīnggāi zěnme chēnghu nǐ?
我们 应该 怎么 称呼 你?
（あなたのことをどう呼べばいいですか。）

《応用》
＊否定は "不应该"

Xiànzài zhèngzài shàngkè ne, nǐ bù yīnggāi kàn Tuītè.
现在 正在* 上课 呢，你 不 应该 看 推特。
（今は授業中ですよ。ツイッターを見てはいけません。）

＊"正在…呢"：…しているところだ

## 3 "是…的"

*すでに起こった過去のことについて、その時間、場所、手段・方法などを強調します。

shì de
・是…的

「(いつ、どこで、どのように、だれが)
～したのです。」

Wǒ shì èr líng yī bā nián lái Rìběn de.
我 是 ２０１８ 年 来 日 本 的。
(私は 2018 年に日本に来たのです。)

この例文では、すでに「日本に来た」という事実をお互いに知っている前提のもと、それが「いつ」だったのかを強調しています。

《応用》

(どこで)　你是在哪里学中文的?　→我是在大学学中文的。(大学で学んだのです。)

(どうやって)　你是怎么去京都的?　→我是坐新干线去京都的。(新幹線で行ったのです。)

(誰と)　你是跟谁一起去的?　→我是跟张怡一起去的。(張怡さんと行ったのです。)

---

**発展学習**

chúle yǐwài, hái
・除了…（以外）, 还～

「…の他に、さらに～も～だ」

Chúle Rìběn de mànhuà, wǒ hái hěn xǐhuan Rìběn liàolǐ.
除了 日 本 的 漫 画, 我 还 很 喜 欢 日 本 料 理。
(日本の漫画以外に、私は日本料理も好きです。)

---

## 文法解説＋α（もっと知りたいひと向け）

"除了 A 以外，都～"という表現もあります。この場合、「A 以外はみな～」(A を除く)という意味になります。

例)

① 除了生鱼片以外，我都喜欢吃。

　　　　刺身以外はみんな好きです。(←刺身は好きじゃない)

② 除了生鱼片以外，我还喜欢吃纳豆。

　　　　刺身以外に、納豆も好きです。(←刺身も好き)

第 **3** 課

# 過去の活動や、経験・計画について話す

## Can-do

**1** 過去の活動について質問したり、答えたりできる。

### ウォームアップ

◆過去の出来事について、あなたは普段どんなことを友達や家族と話しますか。

1．今日あったことや休日の出来事　　2．話を広げるための質問

### キーワード1（事前学習）

**1** 単語を聞いて、発音しましょう。 🔊 54

**量詞**

a．件 jiàn　服や事柄を数える
b．杯 bēi　杯（飲み物を数える）

**食べ物**

a．鸡蛋 jīdàn　（鶏の）卵

**副詞**

a．已经 yǐjīng　すでに
b．还没 háiméi　まだ～ない

この他に自分がよくする行動について調べましょう。

**休日の行動**

a．周末 zhōumò　週末
b．买东西 mǎi dōngxi　買い物をする
c．唱 KTV chàng KTV　カラオケをする
d．(跟～)聊天(儿) (gēn～)liáotiān(r)　(～と) おしゃべりする

e．看视频 kàn shìpín　動画を観る
f．做(写)作业 zuò(xiě)zuòyè　宿題をする / 書く
g．写报告 xiě bàogào　レポートを書く
h．交报告 jiāo bàogào　レポートを提出する

＊ p.24、第2課キーワード1（好きなこと）も参照しましょう。

**2** 会話を聞いて選びましょう。

◆ それぞれの話題について、2人が会話をしています。

（1）休みの日に何をしましたか。下の絵からふさわしいものを選びましょう。 🔊 55

① _____ ② _____ ③ _____ ④ _____ ⑤ _____ ⑥ _____

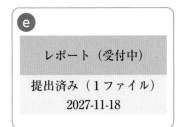

a

b

c

d

e　レポート（受付中）

提出済み（1ファイル）
2027-11-18

f

（2）どれだけ～しましたか。数字を書きましょう（順番はバラバラに読みます）。 🔊 56

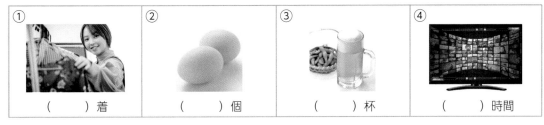

| ① | ② | ③ | ④ |
|---|---|---|---|
| （　　）着 | （　　）個 | （　　）杯 | （　　）時間 |

◆準備　「週末なにしてた？」と聞かれた場合の答えを、一つ書きましょう。

例）我看电视剧了。 我打工了。

⚠ 実際にしたことについて、中国語を調べて書きましょう。

 授業

アクション1 🎬 **過去の活動について話したり、話題を広げたりする。**

①会話例を聞きましょう。

②シャドーイングをしましょう（会話例を見ながら→何も見ずに）。

③会話練習をしましょう（ペア）。

④【応用】教科書を見ずに、実際のことで答えましょう。

**1** 何をしたか／どこへ行ったかをたずねたり、答えたりする。 🔊 57

Shàng zhōumò nǐ zuò shénme le?
上　周末　你　做　什么　了？
（先週末になにをしましたか。）

Wǒ mǎi dōngxi　le.
我　买　东西　了。
（買い物をしました。）

| shàng zhōumò　zuò shénme<br>上　周末 … 做 什么 | xīngqī tiān　qù nǎr<br>星期天 … 去 哪儿 | jīntiān　mǎi shénme<br>今天 … 买 什么 |
|---|---|---|
| mǎi dōngxi<br>买　东西 | Sègǔ<br>涩谷 | yīfu<br>衣服 |
| gēn péngyou liáotiānr<br>跟　朋友　聊天儿 | péngyou jiā<br>朋友　家 | jīdàn<br>鸡蛋 |

**2** すでに〜したかどうか答える。 🔊 58　　　　　　　　　▶文法理解1 (p.54)

Nǐ zuò zuòyè le ma?
你　做 作业 了吗？
（あなたは宿題をしましたか。）

Wǒ yǐjīng zuò zuòyè le.
我 已经 做 作业 了。
（すでに宿題をしました。）

Wǒ hái méi zuò zuòyè ne.
我 还 没 做 作业 呢。
（まだ宿題をしていません。）

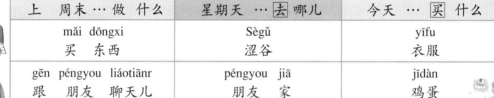

提出済み
2027-11-18

zuò zuòyè
① 做 作业

xiě bàogào
② 写 报告

jiāo bàogào
③ 交 报告

kàn Yīngyǔkè de shìpín
④ 看 英语课 的 视频

**3** どのくらい〜したのかたずねたり、答えたりする。　　　▷▷ 文法理解 2,3 (p.54)

1）数をたずねる 🔊 59

Nǐ mǎile jǐ jiàn yīfu?

你 买了 几 件 衣服？

（あなたは服を何着買いましたか。）

Wǒ mǎile sān jiàn yīfu.

我 买了 三 件 衣服。

mǎi yīfu　　sān jiàn
① 买 衣服 … 三 件

chī jīdàn　liǎng ge
② 吃 鸡蛋 … 两 个

hē jiǔ　　yì bēi
③ 喝 酒 … 一 杯

"多长时间" duōcháng shíjiān とも聞けます。

2）時間の長さをたずねる 🔊 60

Nǐ zuótiān kàn le jǐ ge xiǎoshí shìpín?

你 昨天 看了 几个 小时 视频？

（あなたは昨日何時間動画を視聴しましたか。）

liǎng ge xiǎoshí

我 看了 两个 小时 视频。

kàn shìpín
① 看 视频
liǎng ge xiǎoshí
… 两 个 小时

xué Zhōngwén
② 学 中文
yí ge bàn xiǎoshí
… 一个半 小时

shuā shǒujī
③ 刷 手机
bā ge xiǎoshí
… 八个 小时

我看了一天推特。（我是不是有网瘾？）*

（＊网瘾 wǎngyǐn ネット中毒）

場面1 🎬

**1** 何も見ずに聞きましょう。 🔊 61

（ヒント：休日の出来事について話しています。）

⇒ 問い 二人はどこで、何をしましたか。分かったことを話し合いましょう。

**2** 単語を確認して、もう一度聞きましょう。

・涩谷 Sègǔ 渋谷　　・潮 cháo おしゃれ、いけてる　　・一天 yìtiān 一日
☆加油 jiāyóu がんばる

**3** 本文を見ながら音声を聞きましょう。 🔊 61

◆ 語彙 ◆ 🔊 62

Jīntiān nǐ qù nǎr le?
林： 今天 你 去 哪儿 了?

Wǒ qù Sègǔ mǎi dōngxi le.
刘： 我 去 涩谷 买 东西 了。

● 涩谷 Sègǔ 渋谷

Nǐ mǎi shénme le?
林： 你 买 什么 了?

Wǒ mǎi yīfu le. Nǐ kàn, piào bu piàoliang?
刘： 我 买 衣服 了。 你 看，漂 不 漂亮?

Hǎo piàoliang! Nǐ hěn cháo a! Nǐ mǎile jǐ jiàn yīfu?
林： 好 漂亮! 你 很 潮 啊! 你 买了 几 件 衣服?

☆好 hǎo とても
● 潮 cháo おしゃれ、いけてる
☆啊 a 〜ね、〜だよ

Wǒ mǎile sān jiàn. Nǐ jīntiān zuò shénme le?
刘： 我 买了 三 件。… 你 今天 做 什么 了?

Wǒ hái méi jiāo bàogào ne.
林： 我 还 没 交 报告 呢。

Wǒ jīntiān kànle yì tiān Yīngyǔ kè de shìpín.
我 今天 看了 一 天 英语 课 的 视频。

☆课 kè 授業
● 一天 yì tiān 一日
☆加油 jiāyóu がんばる

Jiāyóu!
刘： 加油!

44

**1-1.** **活動**　❶ 音声を聞いて、美玲さんが宿題やレポートを済ませたか（〇か×）、また週末に何をしたかを書きましょう。🔊 63

❷（インタビュー）友達にそれぞれ聞きましょう（宿題とレポートは、今出ているものを想定し答えましょう）。

|  | 宿題 | レポート | 先週末にしたこと |
|---|---|---|---|
| 美玲さん |  |  |  |
| （　　　　　　　） |  |  |  |
| （　　　　　　　） |  |  |  |

❸ 先週末にしたことを聞いたら、そこから質問をして話題を広げましょう。

**1-2.** **活動（A）**　❶ イラストを見て彼女／彼が何をしたか述べましょう。また、それをどれくらい〜したか質問できるようにしておきましょう。

| a | b | c | d | e |
|---|---|---|---|---|
|  |  |  |  |  |
| 何個？ | 何着？ | 何杯？ | 何時間？／どのくらいの時間？ | |

（レポートを書く）

❷（インフォメーション・ギャップ→右側の人は p.137 を参照）ペアの人に王偉さんが、それぞれの日に何をしたか、またどれだけ〜したかを聞いてメモしましょう。

刘月　今天　做什么了?

她　买衣服　了。

她　买　了　几　件　衣服?

她　买　了　三　件　衣服。

記入例〔服　3着〕

| いつ | 今天 | 星期六 | 星期天 | 昨天 zuótiān |
|---|---|---|---|---|
| 安娜 Ānnà | 2着 | 3時間 | 1杯 | 3個 |
| 王伟 Wáng Wěi 何を／どれだけ | 〔　　　〕 | 〔　　　〕 | 〔　　　〕 | 〔　　　〕 |

## Can-do

**2** 個人の経験や計画をたずねたり、答えたりできる。

**ウォームアップ**

◆これまでにした経験やこれからの計画について、あなたにはどんなエピソードや友達に話したいことがありますか。

　　1．春休みや夏休みにしたこと　　2．大学時代にしてみたいこと

**キーワード2（事前学習）**

**1** 単語を聞いて、発音しましょう。 🔊 **64**

### 回数、時間の長さ

a．次　cì　　〜回（動作の回数）
b．天　tiān　　〜日（日にちを数える）

### 物

a．票　piào　　チケット
b．机票　jīpiào　　飛行機のチケット
c．车票　chēpiào　　乗車券

### 長期休暇の計画

a．暑假　shǔjià　　夏休み
b．寒假　hánjià　　冬休み*
c．去旅游　qù lǚyóu　　旅行に行く
d．回老家　huí lǎojiā　　実家に帰る
e．留学　liúxué　　留学する
f．打工　dǎ//gōng　　アルバイトをする

g．考 驾照　kǎo jiàzhào　　運転免許を取る
　　（"考"は「試験を受ける」）
h．参加 社团活动　cānjiā shètuán huódòng
　　サークル活動に参加する
i．实习　shíxí　　インターン、実習

＊中国の大学には日本の冬休み（新暦の年末年始）に相当するものは無く、1月中旬〜2月下旬頃の長期休暇を"寒假"と言います。そのため、日本の春休みを（冬休みと混乱を避けるため）"春假 chūnjià"と言う場合があります。

**2** 会話を聞いて選びましょう。

◆ それぞれの話題について、2人が会話をしています。

（1）何回～したか／何日～するつもりか、聞いて書きましょう（無ければ0）。 🔊 65

| | | | |
|---|---|---|---|
| ① | qù Běihǎidào<br>去 北海道<br>（　　）次 | ② | cānjiā shíxí<br>参加 实习<br>（　　）次 |
| ③ | pá Fùshì Shān<br>爬 富士山<br>（　　）次 | ④ | zhù<br>住（泊まる）<br>（　　）天 |

（2）それぞれの話者が、夏休みに何をするつもりか聞いて選びましょう。 🔊 66

① ＿＿＿＿　② ＿＿＿＿　③ ＿＿＿＿　④ ＿＿＿＿　⑤ ＿＿＿＿　⑥ ＿＿＿＿

◆準備　つぎの春休みと夏休みの計画（どこへ行く／～をする）を書きましょう。

例）去 USJ　去短期留学　考 HSK

| 春假（春休み）にしようと思うこと | 暑假（夏休み）に行こうと思うところ |
|---|---|
| | |

アクション2 🎬 **個人の経験や計画をたずねたり、答えたりする。**

①会話例を聞きましょう。

②シャドーイングをしましょう（会話例を見ながら→何も見ずに）。

③会話練習をしましょう（ペア）。

④【応用】教科書を見ずに、実際のことで答えましょう。

---

**1** 経験の有無についてたずねたり、答えたりする。 🔊 67　　　　　〉文法理解 4 (p.55)

Nǐ　qùguo　Běihǎidào ma?
你 去过 北海道 吗?
（あなたは北海道に行ったことがありますか。）

Wǒ　qùguo　Běihǎidào.
我 去过 北海道。

Wǒ méi　qùguo　Běihǎidào.
我 没 去过 北海道。

| qù Běihǎidào | yòng Wēibó | hē jiǔ | chī huǒguō |
|---|---|---|---|
| ① 去 北海道 | ② 用 微博* | ③ 喝 酒 | ④ 吃 火锅* |

＊微博：Weibo（中国の SNS）　　　　　＊火锅：中国の鍋料理

---

**2** 経験した回数についてたずねたり、答えたりする。 🔊 68　　　　　〉文法理解 4 (p.55)

Nǐ　qùguo　jǐ　cì　Běihǎidào?
你 去过 几次 北海道?
（あなたは北海道に何回行ったことがありますか。）

Wǒ　qùguo　liǎng　cì　Běihǎidào.
我 去过 两 次 北海道。

| qù Běihǎidào | lái Rìběn | cānjiā shíxí | pá Fùshì Shān |
|---|---|---|---|
| ① 去 北海道 …2 | ② 来 日本 …3 | ③ 参加 实习 …2 | ④ 爬*富士 山 …1 |

＊爬：登る

3 計画の有無についてたずねたり、答えたりする。 🔊 69　　　　　　▶文法理解5 (p.55)

Nǐ dǎsuàn (zhǔnbèi) qù liúxué ma?

你 打算/准备 去留学 吗?

（あなたは留学するつもりですか。）

Wǒ dǎsuàn (zhǔnbèi) qù liúxué.

我 打算/准备 去留学。

Wǒ bù dǎsuàn (zhǔnbèi) qù liúxué.

我 不 打算/准备 去留学。

qù liúxué
① 去 留学

cānjiā shètuán huódòng
② 参加 社团 活动

zài Rìběn zhǎo gōngzuò
③ 在 日本 找* 工作

＊找：探す（第1課）

4 どのような計画かたずねたり、答えたりする。 🔊 70

Shǔjià nǐ dǎsuàn qù nǎr?

暑假 你 打算 去 哪儿?

（夏休みあなたはどこに行くつもりですか。）

Wǒ dǎsuàn qù Jīngdū.

我 打算 去 京都。

qù nǎr qù Jīngdū
① 去 哪儿 … 去 京都

zuò shénme huí lǎojiā kǎo jiàzhào
② 做 什么 … 回 老家 / 考 驾照

場面2 ▶

1 何も見ずに聞きましょう。 🔊 71

（ヒント：張さんの旅行の計画について話しています。）

⇒ 問い　張さんはどのような計画を立てようとしていますか。何を気にしていますか。

2 単語を確認して、もう一度聞きましょう。

☆最近 zuìjìn 最近、近いうち　☆机票 jīpiào 飛行機のチケット　・贵 guì（値段が）高い
・季节 jìjié 季節　・秋天 qiūtiān 秋　・美丽 měilì 美しい　☆住 zhù 泊まる

第3課　過去の活動や、経験・計画について話す

49

3 本文を見ながら音声を聞きましょう。 🔊 71

◆ 語彙 ◆ 🔊 72

Nǐ qùguo Běihǎidào ma?
张：你 去过 北海道 吗?

Qùguo. Nǐ ne?
林：去过。你 呢?

Wǒ hái méi qùguo. Wǒ dǎsuàn zuìjìn qù.
张：我 还 没 去过。我 打算 最近 去。

☆最近 zuìjìn 最近、近い うち（未来にも用いる）

Nǐ qùguo jǐ cì Běihǎidào?
你 去过 几 次 北海道?

Wǒ qùguo liǎng cì.
林：我 去过 两 次。

Jīpiào guì bu guì? Shénme jìjié qù zuì hǎo?
张：机票 贵 不 贵? 什么 季节 去 最 好?

● 贵 guì（値段が）高い
● 季节 jìjié 季節
☆ 觉得 juéde 思う
● 美丽 měilì 美しい

Wǒ juéde qiūtiān de Běihǎidào zuì měilì.
林：我 觉得 秋天 的 北海道 最 美丽。

Jīpiào yě bú guì. Nǐ dǎsuàn zhù jǐ tiān?
机票 也 不 贵。你 打算 住 几 天?

Wǒ dǎsuàn zhù sān tiān.
张：我 打算 住 三 天。

☆住 zhù 泊まる

**2-1.** 　**活動**　（リスニング→インフォメーション・ギャップ）

① ペアになり、それぞれアンナさんか鈴木さんの音声を聞いて、書きましょう。

② ペアの相手に、もう一方の人の経験について、中国語で教えてもらいましょう。

| | Běihǎidào 去…北海道 | chī huǒguō 吃…火锅 | pá Fùshì Shān 爬…富士 山 | Díshìní lèyuán 去…迪士尼 乐园* |
|---|---|---|---|---|
| Ānnà 安娜 🔊 73 | （ 2 ）回 | （　）回 | （　）回 | （　　）回 |
| Língmù 铃木 🔊 74 | （ 1 ）回 | （　）回 | （　）回 | （　　）回 |

＊迪士尼乐园：ディズニーランド

**2-2.** 　**活動**　① クラスメートにそれぞれの経験の有無を聞きましょう。

② もしあれば、何回か確かめましょう（無ければ×か0を書きましょう）。

| | Díshìní lèyuán 去…迪士尼 乐园 | wàiguó 去 …外国 | pá Fùshì Shān 爬 …富士 山 | （自分で考えましょう） _____ |
|---|---|---|---|---|
| （　　　　　） | 回 | 回 | 回 | 回 |
| （　　　　　） | 回 | 回 | 回 | 回 |

**2-3.** 　**活動**　次の春休みと夏休みの計画を話しましょう。

Chūnjià
春假 你打算做什么？

Shǔjià
暑假 你打算去哪儿？

| | （　　　　　　） | （　　　　　　） |
|---|---|---|
| 春假 | | |
| 暑假 | | |

暑假，我打算去高中参加实习。

同学们好！

# タスク ❸

**テーマ** 中国からやってきた短期留学生と、週末や長期休暇中の話題について話しています。日本での観光や休暇中の過ごし方に興味を持っている留学生に、自分のスマートフォンの写真を見せながら、自分の経験や今後の計画について話しましょう。

**事前課題**

スマートフォン（または PC）から、自分が過去にした経験に関する写真を2〜3枚選び、それに関するエピソードをいくつか用意しましょう。今後の計画についても言えるように準備しましょう。（次のページのメモの欄）

例)

 **STEP ① 《過去の経験を語る》**

 去年我去奈良了。你去过奈良吗？　　　　没去过。

 **STEP ② 《写真を提示し説明する》** （簡単な一言でかまいません）

这是东大寺的大佛殿①。里面有很大的佛像②。

好壮观。

奈良公园里有很多鹿③。太可爱了。　（你可以给它们吃鹿煎饼哦。有机会你一定要去！）

① ② ③

 **STEP ③ 《今後の計画や準備について語る》**

暑假，我打算去大阪旅游。我想去（一次）环球影城 *。

我也想去！

（＊日本环球影城 Rìběn huánqiú yǐngchéng：ユニバーサルスタジオジャパン）

＊あくまでも一例です。内容は観光に限りません（大学所在地のおすすめスポットやイベントへの参加経験、珍しい食べ物を食べた経験、見た映画やドラマ、使用したアプリ、ゲーム、珍しい体験等、他の人におすすめしたい過去の経験ならなんでも可）。

**課題** → LMS（学習管理システム）に投稿しましょう。

授業

タスク前活動（やりとり） 相手がしたことに関する話題で、あなたはどんなことを聞いたり言ったりして話を広げますか？次の話題のどれかについて、友達と一緒に反応を考えましょう。

我看视频了。

上周末你们做什么了？
yānhuā

我去吃饭了。　　　我买衣服了。　　　我去看烟花\*了。

＊烟花：花火

その他のアイデア：

タスク ❶ 3人〜4人程度のグループになり、写真を見せながら自分がした過去の経験や、これからの計画について発表しましょう。

❷ 相手の発表に対して、中国語で質問をするか感想を述べましょう。

出た質問や感想

❸ ふりかえり（どんな経験を伝えると留学生が興味を持ちそうですか。） 付属教材 (p.6)

## 1 "已经""还没 (…呢)"

yǐjīng
1. 已经

「すでに〜した」

Wǒ yǐjīng xiě zuòyè le.
我 已经 写 作业 了。（私はすでに宿題をしました。）

háiméi ne
2. 还没…呢

「まだ〜ない」

Wǒ háiméi xiě zuòyè ne.
我 还没 写 作业 呢。（私はまだ宿題をしてないんです。）

> Q：“没” のみで否定する場合と、“还没” では何が違うの？
>
> A：“没” ＋ 動詞は、動作が未実現であることを表します。
>
> そこに “还” が付くと、今後する場合や、する可能性が高いことを示します。

## 2 実現・完了の "了"（復習）

前の課に出てきた文型ですが、"了" の位置に注意して、もう一度確認しましょう。

・動詞＋ "了" ＋時間量・数量等＋ 目的語
「〜した」

Wǒ kànle yíge xiǎoshí shìpín.
我 看了 一个 小时 视频。

（私は動画を一時間観た。）

Wǒ hēle yì bēi jiǔ.
我 喝了 一杯 酒。（私はお酒を一杯飲んだ。）

## 3 量詞（"件""杯""次"）

jiàn
1. 件

（服や事柄を数える）

yí jiàn yīfu
一 件 衣服 （服一着）

zhè jiàn shìqing
这 件 事情* （このこと）

（＊事情：事、事柄）

bēi
2. 杯

（飲み物を数える）

yì bēi chá
一 杯 茶 （お茶一杯）

zhè bēi kāfēi
这 杯 咖啡 （このコーヒー）

cì
3. 次

（回数を数える）

yí cì
一 次 （一回）

zhè cì lǚyóu
这 次 旅游 （今回の旅行）

**4** "过"

1. 動詞＋"过"
　　guo
　　「〜したことがある（経験）」

Wǒ qùguo Zhōngguó.
我 去过 中国。　（私は中国へ行ったことがある。）

否定は、"没（有）"を使い、"过"は付けたままにします。

"没（有）"＋動詞＋"过"
　méiyou

Wǒ méi qùguo Zhōngguó.
我 没 去过 中国。
（私は中国へ行ったことがない。）

"还没〜过" だと、
「まだ〜したことがない」。

2. 動詞＋"过"＋回数＋目的語

Wǒ qùguo liǎng cì Zhōngguó.
我 去过 两次 中国。
（私は中国に二回行ったことがある。）

回数を表す言葉は、目的語の前に置きます。

**5** "打算""准备"

・打算／准备
　dǎsuàn zhǔnbèi
　「〜するつもりだ」

Wǒ dǎsuàn (zhǔnbèi) qù Zhōngguó liúxué.
我 打算／准备 去 中国 留学。
（私は中国に留学するつもりだ。）

否定は"不打算""不准备"

Wǒ bù dǎsuàn (zhǔnbèi) qù Zhōngguó liúxué.
我 不 打算／准备 去 中国 留学。
（私は中国に留学するつもりはない。）

⚠"不"の位置に注意しましょう。一般的に"打算不〜"ではなく、
"不打算"と言います。

文法解説＋α（もっと知りたいひと向け）

"打算"と"准备"は、どちらも「〜するつもりだ」と訳されますが、次のようなニュアンスの違いがあります。
　"打算"→そのような心づもりがある。
　"准备"→具体的な準備や計画をしている。

# 商品やサービス、好みについて話す

## Can-do

**1** 商品やサービス・性質を比較したり、感想を伝えたりできる。

### ウォームアップ

◆あなたは商品を購入したり、サービスを利用したりするとき、どのような情報を比較して選びますか。

### キーワード1（事前学習）

**1** 単語を聞いて、発音しましょう。 🔊 **76**

#### 性質や状態（形容詞）

a. 好用 hǎoyòng　使いやすい
b. 快 kuài　速い
c. 贵 guì　値段が高い
d. 便宜 piányi　安い
e. 高 gāo　高い
f. 帅 shuài　かっこいい、イケメン

#### 店やサービス

a. 网上 wǎng shang　インターネット上
b. 评分 píngfēn　評点、評価

#### 量詞

a. 家 jiā　店や家を数える単位

#### 数量

a. 一点儿 yìdiǎnr　（数量的に）少し、ちょっと

#### 程度を表す（副詞）

a. 有点儿 yǒudiǎnr　（好ましくないという意味で）ちょっと、少し
b. 比较 bǐjiào　比較的、わりと
c. 更 gèng　さらに、もっと

#### 方向・位置

a. 右边 yòubian　右、右側
b. 左边 zuǒbian　左、左側

**2** 会話を聞いて選びましょう。

◆ それぞれの話題について、会話をしています。

（1）どの状況について話していますか。選びましょう。 🔊 77

① _____ ② _____ ③ _____ ④ _____ ⑤ _____ ⑥ _____

（2）音声を聞いて、a か b かを選びましょう。 🔊 78

＊ "大" はここでは、年齢が高いことを意味します。

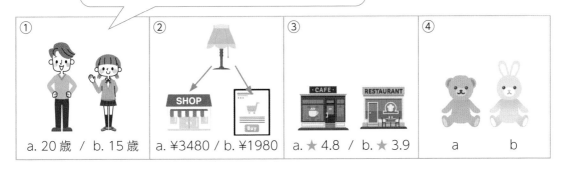

| ① | ② | ③ | ④ |
|---|---|---|---|
| a. 20 歳 ／ b. 15 歳 | a. ￥3480 ／ b. ￥1980 | a. ★ 4.8 ／ b. ★ 3.9 | a    b |

①我是（a／b）。　　　　　　②这家店是（a／b）。

③这家店是（a／b）。　　　　④美玲喜欢的是（a／b）。

57

 授業

アクション1 商品やサービス・性質を比較したり、感想を伝えたりする。

①会話例を聞きましょう。

②シャドーイングをしましょう（会話例を見ながら→何も見ずに）。

③会話練習をしましょう（ペア）。

④【応用】**1** について、単語を自由に入れ替え、教科書を見ずに答えましょう。

**1** どちらが～であるか確かめたり、伝えたりする。 🔊 79

Píngguǒ hé Ānzhuó, nǎge hǎoyòng?

苹果 和 安卓 , 哪个 好用 ？

（iPhone と Android では、どっちが使いやすいですか。）

Píngguǒ hǎoyòng.

苹果 好用 。

（iPhone が使いやすいです。）

Ānzhuó gèng hǎoyòng.

安卓 更 好用 。

（Android の方がもっと使いやすいです。）

Píngguǒ   Ānzhuó   nǎge   hǎoyòng   Wáng Yībó   Xiāo Zhàn   shéi shuài

① 苹果 / 安卓 …（哪个）好用 ② 王 一博* / 肖 战 *…（谁）帅

＊中国の有名なイケメン俳優

**2** どちらが～であるか比較して述べる。 🔊 80  文法理解 1 (p.70)

Zhè jiàn yīfu bǐ nà jiàn hǎokàn.

这 件 衣服 比 那件 好看 。

（この服はあの服より綺麗だよ。）

Zhè jiàn yīfu   nà jiàn   hǎokàn   Zài wǎngshang mǎi   zài shāngdiàn mǎi   piányi

① 这件 衣服 / 那件 … 好看 ② 在 网上 买 / 在 商店 买 … 便宜

Zhè jiā diàn de píngfēn   nà jiā diàn   gāo   Dǎchē   gōngjiāochē   kuài

③ 这家 店 的 评分 / 那家 店 … 高 ④ 打车* / 公交车* … 快

＊打车：タクシーに乗る ＊公交车：バス

**3** （比較して）ちょっと～であると伝える。🔊 **81**　　　　　　　▶ 文法理解 1, 2 (p.70)

Zhège　bǐ　nàge　piányi　yìdiǎnr.

这个（比 那个）便宜 一点儿。　　（これはあれより少し安いです。）

Zhège　nàge　piányi　　　　　　Zhège　nàge　là
① 这个 / 那个 …便宜　　　② 这个 / 那个 …辣*

＊辣：辛い

**4** （好ましくないことについて）ちょっと…であると伝える。🔊 **82**　　▶ 文法理解 2 (p.70)

Zhège bāo zěnmeyàng?　　　　　　　Yǒudiǎnr guì.

这个 包 怎么样?　　　　　　有点儿 贵 。

（このバッグはどうですか。）　　　（ちょっと高いです。）

Zhège bāo　　　guì　　Zhè shuāng　xiézi　　dà　　Zuìjìn tiānqì　　rè lěng
① 这个 包* …贵　② 这 双* 鞋子* … 大　③ 最近 天气 … 热 / 冷

＊包：バッグ　　　＊双：対の物を数える単位　　＊鞋子：靴

---

**場面 1**

**1** 何も見ずに聞きましょう。🔊 **83**

（ヒント：服を選んでいます。）

⇒ 　問い　 張さんは何を美玲さんに聞いていますか。また何を頼みましたか。

**2** 単語を確認して、もう一度聞きましょう。

| | | |
|---|---|---|
| ・大衣 dàyī オーバーコート | ・右边 yòubian 右側 | ・左边 zuǒbian 左側 |
| ・但是 dànshì しかし | ☆比较 bǐjiào 比較的 | ・土 tǔ ダサい　　　・洋气 yángqì おしゃれ |
| ・刚才 gāngcái 先ほど | ・试穿 shìchuān 試着 | ・正好 zhènghǎo ちょうどよい |

**3** 本文を見ながら音声を聞きましょう。 🔊 83

◆ 語彙 ◆ 🔊 84

張：
Zhè liǎng jiàn dàyī, nǐ juéde nǎ yí jiàn hǎo?
这 两 件 大衣，你 觉得 哪 一 件 好？

林：
Wǒ juéde yòubian de bǐ zuǒbian de hǎokàn.
我 觉得 右边 的 比 左边 的 好看。

張：
Ǹg, wǒ yě zhème juéde. Dànshì yòubian de bǐjiào guì.
嗯，我 也 这么 觉得。但是 右边 的 比较 贵。

（別の物を探して）

Zhè jiàn báisè de zěnmeyàng? Tǔ bu tǔ?
…这 件 白色 的 怎么样？ 土 不 土？

林：
Bù tǔ a, hěn yángqì. Zhè jiàn méiyou gāngcái de nàme guì.
不 土 啊，很 洋气。这 件 没有 刚才 的 那么 贵。

Érqiě wǒ juéde zhè jiàn gèng hǎokàn. Nǐ qù shìchuān ba.
而且 我 觉得 这 件 更 好看。 你 去 试穿 吧。

（試着室から）

張：
Měilíng, M hào yǒudiǎnr xiǎo. Yǒu dà yìdiǎnr de ma?
美玲，M 号 有点儿 小。有 大 一点儿 的 吗？

林：
Děng yíxià. Wǒ kànkan. L hào zěnmeyàng?
等 一下。 我 看看。 …L 号 怎么样？

張：
Xièxie. Zhè jiàn zhènghǎo! Wǒ mǎi zhè jiàn.
谢谢。 这 件 正好！ 我 买 这 件。

● 大衣 dàyī オーバーコート

● 这么 zhème
この（その）ように、こん（そん）なに
● 但是 dànshì しかし
● 土 tǔ ダサい

● 洋气 yángqì
おしゃれ、西洋風
★ 没有 méiyou ～ほど…ない
● 刚才 gāngcái 先ほど
● 那么 nàme
その（あの）ように、そん（あん）なに
● 而且 érqiě その上
☆ 穿 chuān （服を）着る、（ズボン、靴下などを）履く

☆ 等 děng 待つ
● 一下 yíxià
ちょっと（～する）
→第7課文法理解 ④
● 正好 zhènghǎo
ちょうどよい、ぴったり

<br>

**1-1.** **活動** クラスメートと、仕事選びの基準について話しましょう。

① 以下の基準を見て、自分にとって特に重要だと思うものから順番に並べましょう。

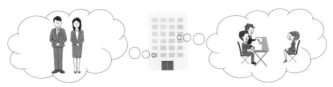

| gōngzī<br>a. 工资 | fāzhǎn qiánjǐng<br>b. 发展前景 | dìdiǎn<br>c. 地点 | nèiróng<br>d. 内容 | wěndìng xìng<br>e. 稳定性 |
|---|---|---|---|---|
| （給料） | （将来性） | （場所） | （仕事内容） | （安定性） |

〈⚠ パートナーに見せてはいけません。〉

| 自分 | 1 | 2 | 3 | 4 | 5 |
|---|---|---|---|---|---|
| （　　　　） | 1 | 2 | 3 | 4 | 5 |

② ペアになり、まずは自分が最も重要（zhòngyào）だと思うことを伝えましょう。

Wǒ juéde zuì zhòngyào de shì nèiróng.

我 觉得 最 重要 的是 内容 。

（興味のある仕事につくのが一番だよね。）

③ そのほかの基準について、二つずつとりあげて、どちらが重要かを聞きましょう。これを繰り
返し、相手の基準を探りましょう。

Gōngzī hé dìdiǎn nǎge zhòngyào?　　　Gōngzī gèng zhòngyào!

 工资 和 地点 哪个 重要?　　　工资 更 重要!

（応用："工资比地点重要。""地点没有工资重要。"とも言えます。）

**1-2.** **活動** "有点儿""一点儿"を使って会話をしましょう。

① 这件衣服 ＿＿＿ 贵。　　　这件衣服便宜 ＿＿＿ 。

② 今天 ＿＿＿ 冷。　　　今天比昨天冷 ＿＿＿ 。

③ 留学生の友達に伝えましょう。

在这里吃 zài zhèli chī … ¥550<br>
带走 dài zǒu… ¥540

## Can-do

**2** 商品やサービスを求めたり、提供したりできる。

### ウォームアップ

◆次の場面で、あなたはお客さん（または店員）とどんなやりとりをしますか。

1. アパレルショップやコンビニで　　2. レストランで

### キーワード2（事前学習）

**1** 単語を聞いて、発音しましょう。 🔊 85

#### 支払い方法

a.现金 xiànjīn　現金

b.刷卡 shuā//kǎ　カード決済

c.信用卡 xìnyòngkǎ　クレジットカード

d.银联卡 Yínlián kǎ　銀聯カード

e.微信支付 Wēixìn zhīfù　WeChat Pay

f.支付宝 Zhīfùbǎo　Alipay

g.扫描 sǎomiáo　スキャンする

h.二维码 èrwéimǎ　QRコード

#### サービスや注文、商品

a.打 折扣 dǎ zhékòu　割引をする

b.点 diǎn　注文する

c.给 gěi　[動詞]与える、あげる、くれる
　　　　　　[前置詞]〜に（与える対象を示す）

d.来 lái　持ってくる

e.衬衫 chènshān│衬衣 chènyī　シャツ

f.裤子 kùzi　ズボン

g.包 bāo　バッグ

h.鞋子 xiézi│鞋 xié　靴

i.裙子 qúnzi　スカート

j.其他 qítā　その他

#### 量詞

a.条 tiáo　細長い物を数える単位

b.双 shuāng　対の物を数える単位

#### 色

a.颜色 yánsè　色

b.白色 báisè　白

c.黑色 hēisè　黒

d.红色 hóngsè　赤

62

**2** 会話を聞いて選びましょう。

◆ それぞれの話題について、会話をしています。

（1）どの状況について話していますか。選びましょう。 🔊 **86**

① _____　② _____　③ _____　④ _____　⑤ _____　⑥ _____　⑦ _____

新しい物（在庫品）

50% OFF です。

M は？

L は？

（2）どの支払い方法について話していますか。選びましょう。 🔊 **87**

① _____　② _____　③ _____

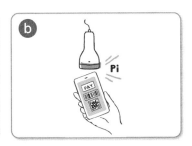

授業

アクション2 | 商品やサービスを求めたり、提供したりする。

①会話例を聞きましょう。

②シャドーイングをしましょう（会話例を見ながら→何も見ずに）。

③会話練習をしましょう（ペア）。

④【応用】教科書を見ずに、内容を自分で考えて答えましょう。

**1** 食事の注文を取る。（レストラン）🔊 **88**　　　　　　　　　　　　▶文法理解3 (p.71)

Nínhǎo. Nín yào diǎn shénme?
您好。您要点什么？（いらっしゃいませ。ご注文は何になさいますか。）

Gěi wǒ lái yíge zhèige.　Zài lái yíge zhèige.　Hái yào….
给我来一个 这个 。（再来一个 这个 。还要 … 。）

（これを一つください。あとこれを一つください。さらに…）

Hǎode. Jiù zhèxiē ma?
好的。就*这些吗？

（かしこまりました。ご注文は以上ですか。）
*就：ただ…だけ

Duì.　Jiù zhèxiē.
对*。就这些。

（はい。以上です。）＊对：そう、そのとおり、正しい

Hǎode.
好的。

Qǐng gěi wǒmen rèchá.
请给我们热茶。

（私たちに熱いお茶をください。）

| | zhèige | A tàocān | wūdōngmiàn | tiānfùluó | shēngyúpiàn |
|---|---|---|---|---|---|
| | ① 这个 | ② A 套餐* | ③ 乌冬面 | ④ 天妇罗 | ⑤ 生鱼片 |

＊套餐：定食

**2** 何が欲しいかたずねたり、答えたりする。（ショップ）🔊 **89**　　　　▶文理理解4 (p.71)

Nínhǎo. Nín yào mǎi shénme?
您好。您要买什么？

（いらっしゃいませ。何をお求めですか。）

Wǒ xiǎng mǎi zhèige bāo.
我想买 这个包 。

（私はこのバッグが買いたいです。）

| zhèige bāo | yí jiàn chènshān | yì tiáo kùzi | yì shuāng xiézi |
|---|---|---|---|
| ① 这个 包 | ②（一件）衬衫 | ③（一条）裤子 | ④（一双）鞋子 |

**3** 在庫や値引きの有無を伝える。(ショップ) ◀)) 90

Zhè jiàn chènshān yǒu méiyǒu　L hào?

这 件 衬衫 有 没有 L号？

(このシャツのLサイズはありますか。)

Yǒu, 　qǐng shāoděng.

有（，请　稍等）。

(あります。少々お待ちください。)

没有。

(ありません。)

|  | | xīnde | qítā yánsè | yǒu báisè | zhékòu | dǎ jiǔzhé |
|---|---|---|---|---|---|---|
| ○ L | | | | | | |
| ① × M | ② 新的 | ③ 其他 颜色 …（有）白色 | | ④ 折扣 … 打 九折 | | |
| ○ S | | | 黑色 hēisè　红色 hóngsè | | 打 七折 | |

**4** 支払い方法を確認する。 ◀)) 91

▷文法理解5 (p.71)

Kěyǐ yòng Wēixìn zhīfù 　ma?

可以 用　微信 支付　吗？

(WeChat Pay を使うことができますか。)

Bù néng.

不 能。

(できません。)

Kěyǐ.

可以。

(できます。)

Qǐng nín sǎomiáo èrwéimǎ.

请　您 扫描　二维码*。

(QR コードをスキャンしてください。)

Wǒ sǎo nín.

我 扫 您。

(私がスキャンします。)

|  | yòng Wēixìn zhīfù | | yòng Zhīfùbǎo | |
|---|---|---|---|---|
| ① ○用　微信 支付 … 客がスキャン | | ② ○用　支付宝 … 店員がスキャン | | |
| ③ × 用　银联卡 | yòng Yínlián kǎ | ④ ○刷 卡（银联卡を示しながら） | shuā kǎ | |

\*より簡略化して"您扫我。"とだけ言うこともできます。

"刷" が動詞なので、
"用" は付けません。

 場面2

**1** 何も見ずに聞きましょう。 ◀)) 92

(ヒント：美玲さんはアルバイトで接客中です。)

⇒ **問い** どんなショップですか。お客さんは何を聞きましたか。

**2** 単語を確認して、もう一度聞きましょう。

☆不好意思 bù hǎoyìsi 申し訳なく思う　☆只有 zhǐyǒu ～しかない　・算了 suàn le やめにする
☆折扣 zhékòu 割引　・新款 xīnkuǎn 新商品　・试衣间 shìyījiān 試着室
・袋子 dàizi 袋　・不用 búyòng 必要ない　・积分卡 jīfēn kǎ ポイントカード

**3** 本文を見ながら音声を聞きましょう。 🔊 92

客：
Nǐhǎo, zhè jiàn chènshān yǒu méiyǒu M hào?
你好，这件 衬衫 有 没有 M 号？

林：
Qǐng shāo děng.　　Bù hǎoyìsi,　méiyǒu M hào.
请 稍 等。 … 不 好意思，没有 M 号。
Xiànzài diànli zhǐyǒu L hào hé S hào.
现在 店里 只有 L 号 和 S 号。

客：
À,　nà jiù suàn le ba.　Xièxie.
啊， 那 就 算 了 吧。谢谢。

(他の服を見て)
Zhè jiàn yǒu méiyǒu zhékòu?
这 件 有 没有 折扣？

林：
Zhè shì xīnkuǎn, méiyǒu zhékòu.
这 是 新款， 没有 折扣。

客：
À,　shì zhèyàng a.　Wǒ kěyǐ　shìchuān ma?
啊， 是 这样 啊。我 可以 试穿 吗？

林：
Kěyǐ.　Shìyījiān zài　nàli.
可以。试衣间 在 那里。

＊＊＊＊＊＊＊＊＊＊＊＊＊＊＊＊＊

客：
Kěyǐ yòng Wēixìn zhīfù ma?
(レジ前で) 可以 用 微信 支付 吗？

林：
Kěyǐ.　Yào dàizi ma?
可以。 要 袋子 吗？

客：
Búyòng.
不用。

林：
Nín yǒu méiyǒu　jīfēn kǎ?
您 有 没有 积分卡？

客：
Méiyǒu.
没有。

林：
Hǎo de.　Qǐng nín sǎomiáo　èrwéimǎ.
好 的。请 您 扫描 二维码。

◆ 語彙 ◆ 🔊 93

☆你好 Nǐhǎo すみません
（知らない人や、店員への呼び掛け）

☆请 qǐng
どうぞ〜してください

●稍 shāo 少し、ちょっと

☆不好意思 bù hǎoyìsi
申し訳なく思う

☆只 zhǐ
ただ…だけ、〜しかない

●算了 suàn le やめにする

☆折扣 zhékòu 割引

●款 kuǎn
スタイル、様式
（新款：新作、新商品）

☆这样 zhèyàng
この（その）ようである

☆试穿 shìchuān 試着する

●试衣间 shìyījiān 試着室

●袋子 dàizi 袋

●不用 búyòng
必要ない（"不要" とも
言えますが、ややきつ
い印象です）

●积分卡 jīfēn kǎ ポイン
トカード

# 新装版 はじめての中国語学習辞典　相原 茂[編著]　B6変型判/776頁

◆ 見出し語1万1千
◆ 見やすい2色刷
◆ 辞書に[参考書]の要素をプラス
◆ [発音マスター]
◆ WEB動画（サーバー）&音声DLアプリ

1. すべての中国語にピンインとローマ字つき。
2. 重要語は3ランクに分けて表示。
3. 文法コラム、語法コラムの充実。
4. すべての見出し単語に品詞名を明示。
5. 類義語を重視し、[目で見る類義語]の創設。
6. [百科知識]で文化・習慣を分かりやすく解説。
7. コミュニケーションに役立つ[表現Chips]。
8. 目で見る逆引き単語帳[逆引きウインドウズ]。
9. 中国のベテラン画家による豊富なイラスト。
10. 中国語学習に必要で便利な付録の充実。

# 中国語学習シソーラス辞典　相原 茂[編]　B6判/880頁

◆ 類義語グループをなす常用語を集めた初の中国語シソーラス辞典。
◆ 日本語インデックス1400余、中国語見出し語数は約11000語。
◆ すべての例文にピンイン、訳をつけ初級者でも使える。
◆ スピーキングやライティングにおける類義語の正しい使い分けに。
◆ 仕事で中国語のメールや文書を書く機会が多い人にも最適。
◆ 語彙力の増強ができ、ボキャブラリービルディングにも有効。
◆ 巻末には検索の便を図り、全見出し語から引ける索引も用意。

第4課

**2-1.** **活動（A）** （リスニング＋インフォメーション・ギャップ）（左側の人は p.138 参照）

**1** それぞれの物の在庫や他の色、値引きがあるかを、どう聞くか考えましょう。

**2** A 店でのやりとりを聞いて、書きましょう（○×／色／値引率）。 🔊 **94**

**3** B 店の店員（ペアの相手）にそれぞれの在庫や値引き等があるかたずねて書きましょう。

（あなたは C 店の店員です）

|  | ①（新品） | ②（他の色） | ③（値引き） | ④（値引き） |
|---|---|---|---|---|
| A 店 | （　　　） | （　　　　　　　　） | （　　　）%OFF | （　　　）%OFF |
| B 店 | （　　　） | （　　　　　　　　） | （　　　）%OFF | （　　　）%OFF |
| C 店 | × | ○　黒色 | 30　%OFF | 50　%OFF |

**2-2.** **活動（A）** **1** （リスニング）それぞれの店について、客と店員のやりとりを聞き、どの支払いをしたか選びましょう。 🔊 **95**

①＿＿＿＿　②＿＿＿＿　③＿＿＿＿　④＿＿＿＿

現金（a）　刷卡（b）　・WeChat Pay（c. 客がスキャン／ d. 店員がスキャン）
・Alipay（e. 客がスキャン／ f. 店員がスキャン）

**2** （インフォメーション・ギャップ→左側の人は p.138 参照）

A 店と B 店の店員（ペアの相手）に、現金以外にどの支払いが可能かを確かめチェックしましょう。
QR 決済が使える場合は、スキャン方法も教えてもらいましょう。

（あなたは C 店と D 店の店員です）

| A 店（アパレル） | B 店（食堂） |
|---|---|
| ☑ 現金 | ☑ 現金 |
| □ 刷卡 | □ 刷卡 |
| □ WeChat Pay | □ Alipay |
| （□ 客がスキャン／ □ 店員がスキャン） | （□ 客がスキャン／ □ 店員がスキャン） |
| **C 店（スーパー）** | **D 店（コンビニ）** |
| ✓ 現金 | ✓ 現金 |
| × 銀聯卡 | ✓ 銀聯卡 |
| ✓ WeChat Pay | ✓ Alipay |
| （□ 客がスキャン／ ☑ 店員がスキャン） | （☑ 客がスキャン／ □ 店員がスキャン） |

## タスク ❹

タスク 4-1 　あなたは留学生の友達から、つぎのような相談を受けました。どちらがおすすめか選び、その理由を伝えましょう。

Wǒ xiǎng qù
我 想 去 [ ＊ ]。

Nǐ juéde zuò xīngànxiàn hé zuò fēijī, nǎge hǎo?
你 觉得 坐 新干线 和 坐 飞机，哪个 好？

＊京都 Jīngdū ／日本环球影城 Rìběn huánqiú yǐngchéng ／札幌 Zháhuǎng ／福冈 Fúgāng など（行き先は先生の指示で一つ選んでください）

Wèi shénme?

我觉得坐＿＿＿＿＿＿＿去好。

为 什么？

| | 相手に伝える中国語（最低2文以上。1回以上比較文を使って答えること） | 補足情報：時間、値段その他 |
|---|---|---|
| 理由① | | |
| ② | | |
| ③ | | |

タスク 4-2（公共アナウンス）　あなたはアルバイト先（または将来の職場）で中国語の実力を買われ、緊急のアナウンスをお願いされました。店の用意したマニュアルに沿ってアナウンスしましょう。

❶〈例〉の子供が迷子センターに連れてこられました（中国語話者のようですが、名前は聞き出せていません）。マニュアルを参照してアナウンスしましょう。準備時間は3分です（まずは音声を聞かずにチャレンジしましょう）。

| 例 | a | b | c | d |
|---|---|---|---|---|
|  |  |  |  |  |

迷子のお連れ様のお呼び出し

◇挨拶文

Qīn'ài de gùkè péngyoumen dàjiā hǎo.
亲爱 的 顾客 朋友们 大家 好。

Huānyíng guānglín běndiàn.
欢迎 光临 本店。

◆緊急の場合や再放送する場合は、
こちらの挨拶文に変えても良い。
Guǎngbō zhǎorén
广播 找人 （2回読む）

◇本文

Yǒu nǎwèi gùkè hé háizi zǒusàn le? Xiǎo nǚháir, wǔ suì zuǒyòu,
有 哪位 顾客 和 孩子 走散 了？ 小［女孩儿］，［５］岁 左右，

chuānzhe hóng sè shàngyī, lán sè qúnzi.
穿着 ［红］色［上衣］，［蓝］色［裙子］。

Qǐng zhèwèi gùkè tīngdào guǎngbō hòu, sù dào yīlóu fúwùtái. Xièxie!
请 这位 顾客 听到 广播 后，速 到 一楼 服务台。谢谢！

〈適宜以下の言葉に入れ替える〉

男女：男孩儿 nánháir 　　　女孩儿 nǚháir
衣服：上衣 shàngyī（上着）　　连衣裙 liányīqún（ワンピース）
　　　裤子 kùzi（ズボン）　　　裙子 qúnzi（スカート）
　　色：蓝 lán（青）　绿 lǜ　黄 huáng　棕 zōng（茶色）　灰 huī　粉红 fěnhóng（ピンク）

・哪位 nǎwèi どなた（"位" は、敬意を込めた人の数え方）　・走散 zǒusàn はぐれる
・動詞＋"着" ～している、してある（動作の持続や結果の残存）　・一楼 yīlóu 一階
・動詞＋到 dào ⇒第8課文法理解　・广播 guǎngbō 放送　・服务台 fúwùtái サービスカウンター

❷ 音源の例を聞き、自分のアナウンスのどこを修正すべきか確認し、「自己評価とふりかえり」に書きましょう。 ▶ 付属教材 (p.7) 🔊 96

❸ 前ページ a〜d の迷子について、アナウンスできるように練習しましょう（担当は、学籍番号末尾1〜3→a、4〜6→b、7〜8→c、9〜0→d）。

❹ 3人程度のグループになり、チャイム音を鳴らしてアナウンスしましょう。→聞いている人はどの子を探しているのか当てましょう。🔊 97

課題 評価基準を再確認し、録音して提出しましょう。

## 文 法 理 解 🔊 98

**1** 比較の表現

> この文型では、形容詞の前に"很""非常","最"などの副詞は付けられません。ただし、"更"は入れられます。

1. A 比 B + 形容詞
   「A は B より〜だ」

   Zhège bǐ nàge hǎo.
   这个 比 那个 好。 (これはあれより良い。)

> CHECK どれくらいの差があるかを表すには、形容詞の後に差の量を表す言葉を置きます。

2. A 比 B + 形容詞 + 一点儿
   「A は B より、ちょっと〜だ」

   Zhège bǐ nàge dà yìdiǎnr.
   这个 比 那个 大 一点儿。 (これはあれより少し大きい。)

《応用》

3. A 没有 B + 形容詞
   「A は B ほど〜ない」

   Zhège méiyou nàge hǎo.
   这个 没有 那个 好。 (これはあれほど良くない。)

> A 比 B + 不 + 形容詞ではない！

4. A 比 B + 形容詞 + 具体的な差量
   
   Wǒ gēge bǐ wǒ dà wǔ suì.
   我 哥哥 比 我 大 五 岁。 (兄は私より5歳上だ。)

### 文法解説 + α （もっと知りたいひと向け）

> たとえば、「A より B のほうが好きだ」と言いたい場合には、"比起（Bǐqi）A，我更喜欢 B。"と言います（「A と比べてみると、私は B のほうがもっと好き」）。

**2** "一点儿" と "有点儿"

1. 形容詞／動詞 + 一点儿
   （数量的に、または比較して）
   「少し、ちょっと」

   Nà jiàn yīfu dà yìdiǎnr.
   那件 衣服 大 一点儿。
   （あの服は（の方が）ちょっと大きい。）＊比較して

> "一点儿"は少量であることを表します。数量詞であり、形容詞や動詞の後ろに置かれます。

>  CHECK それに対して"有点儿"は、好ましい／適度な状態ではないという主観的な気持ちを表します。副詞であり、"很""非常"などと同じように、形容詞の前に置かれます。

2. 有点儿 + 形容詞
   （好ましくないことについて）
   「ちょっと、少し」

   Zhè jiàn yīfu yǒudiǎnr xiǎo.
   这 件 衣服 有点儿 小。
   （この服はちょっと小さい。）＊サイズがぴったりでない。

**3**  "给"

gěi
1. 给＋人＋物 （動詞）

「…に〜を与える（あげる／くれる）」

Wǒ gěi nǐ zhèige.
我 给 你 这个。（私はあなたにこれをあげます。）

動詞の"给"には、目的語が二つ続くことがあります（二重目的語）

CHECK 後ろに動詞がある場合の"给"は前置詞となり、与える対象を示します。

2. 给＋人＋動詞 （前置詞）

「…に／…のために」

Wǒ gěi nǐ dǎ diànhuà.
我 给 你 打 电话。

（私はあなたに電話をかけます。）

**4**  量詞（"条""双"）

1. 条 tiáo

（細長い物を数える）

yì tiáo kùzi
一 条 裤子 （ズボン一着）

zhè tiáo kùzi
这 条 裤子 （このズボン）

2. 双 shuāng

（対のものを数える）

yì shuāng xiézi
一 双 鞋子 （靴一足）

zhè shuāng xiézi
这 双 鞋子 （この靴）

"条"を使う単語："裙子 qúnzi"（スカート）、"河 hé"（川）、"路 lù"（道）
"双"を使う単語："筷子 kuàizi"（箸）、"眼睛 yǎnjing"（目）

**5**  "可以"

kěyǐ
1. 可以 （許可されて、条件的に）

「〜できる」

Zhèr kěyǐ yòng Wēixìn zhīfù ma?
这儿 可以 用 微信 支付 吗?

（ここでは WeChat Pay を使えますか。）

CHECK 否定の受け答えは一般的に"不能"を用います。

bùnéng
2. 不能 （条件的に、不許可で）

「〜できない」

Zhèr bùnéng yòng Wēixìn zhīfù.
这儿 不能 用 微信 支付。

条件的に

（ここでは WeChat Pay を使えません。）

"不可以"は不許可（禁止）の場合のみに使います。→第7課文法理解 3

## ✳ 第 **5** 課 ✳

# 住んでいる町の交通について話す

### Can-do

**1** 単純な方法であれば、目的地までの交通手段や時間を説明できる。

**ウォームアップ**

◆あなたの街にやってきた中国語圏の観光客は、どんなところに行きそうですか。また、道案内の際には、どのような情報を聞かれそうですか。

　　1．観光客がよく行く場所　　2．町中で聞かれそうなこと

**キーワード1（事前学習）**

**1** 単語を聞いて、発音しましょう。  99

---

### 交通手段

a. 坐 公交车 zuò gōngjiāochē　バスで
　｜ 巴士 bāshì

b. 坐 地铁 zuò dìtiě　地下鉄で

c. 坐 火车 zuò huǒchē　列車で

d. 坐 电车 zuò diànchē　電車で
　（本来は路面電車やトロリーバスを指す）

e. 打车 dǎ//chē｜坐（打）出租车
　zuò(dǎ) chūzūchē　タクシーで

f. 走着 zǒuzhe　歩いて

g. 走路 zǒu//lù　歩く

h. 骑 自行车 qí zìxíngchē　自転車で

i. 坐船 zuò chuán　船で

---

### 交通

a. 车站 chēzhàn（～站 zhàn）　駅

b. 线 xiàn　路線

c. 远 yuǎn　遠い

d. 近 jìn　近い

e. 下车 xià chē　下車
　　　　　（乗車は "上车 shàng chē"）

**2** 会話を聞いて選びましょう。

◆ それぞれの話題について、会話をしています。

（1）どの交通手段について話していますか。選びましょう。 🔊 100

① ＿＿＿＿＿　② ＿＿＿＿＿　③ ＿＿＿＿＿　④ ＿＿＿＿＿

（2）それぞれの場所への（交通手段／所要時間）を選択しましょう。 🔊 101

①学校（＿＿＿／＿＿＿）　②浅草寺（＿＿＿／＿＿＿）　③スカイツリー（＿＿＿／＿＿＿）

| 行き先 | 交通手段 | 所要時間 |
|---|---|---|
| ① xuéxiào 学校 | a. バス<br>b. 地下鉄<br>c. 電車<br>d. タクシー<br>e. 歩き<br>f. 自転車 | a. 5分<br>b. 15分<br>c. 20分<br>d. 30分<br>e. 1時間<br>f. 2時間 |
| ② Qiǎncǎosì 浅草寺 | | |
| ③ Qíngkōngtǎ 晴空塔 | | |

（順番はバラバラに読まれます）

◆準備（事前学習）

1-1（活動）、1-3（活動）に、目的地までの交通手段と所要時間を中国語で書きましょう。

＊書き方はアクション1の**3**と**1**を参照してください。

**アクション1** 目的地までの交通手段や所要時間を説明する。

①会話例を聞きましょう。

②シャドーイングをしましょう（会話例を見ながら→何も見ずに）。

③会話練習をしましょう（ペア）。

④【応用】 2 〜 3 について、教科書を見ずに答えましょう。

---

**1** 目的地までの交通手段をたずねたり、答えたりする。 102

Xīnsù zěnme zǒu?

> 新宿 怎么 走？

（新宿へはどうやって行きますか。）

Zuò JR Zhōngyāng xiàn, zài Xīnsù xiàchē.

> 坐 JR 中央 线，在 新宿 下车。

（JR中央線に乗り、新宿で降ります。）

---

① Xīnsù
新宿

JR Zhōngyāng xiàn　　Xīnsù
JR 中央 线 … 新宿

② Qīngshuǐsì
清水寺*

（＊路：路線）

shìyíng bāshì yāolínglíng lù　　Wǔtiáobǎn
市营 巴士 100 路* … 五条坂*

③ Mínggǔwū chéng
名古屋 城

dìtiě Míngchéng xiàn　　shìyìsuǒ
地铁 名城 线* … 市役所

④ Tiānshén
天神

dìtiě jīchǎng xiàn　　Tiānshén
地铁 机场 线 … 天神*

＊きよみずでら　＊ごじょうざか　＊めいじょうせん　＊てんじん

---

**2** 遠いかどうかたずねたり、答えたりする。 103

文法理解1 (p.86)

Chēzhàn lí zhèr yuǎn ma?

> 车站 离 这儿 远 吗？

（駅はここから遠いですか。）

Chēzhàn lí zhèr bútài yuǎn.

> 车站 离 这儿 不太 远。

（駅はここからあまり遠くありません。）

chēzhàn bú tài
① 车站 …不 太

xuéxiào bù
② 学校 … 不

jīchǎng fēicháng
③ 机场 … 非常

Qiǎncǎosì yǒudiǎnr
④ 浅草寺 … 有点儿

**3** 所要時間をたずねたり、答えたりする。 🔊 104　　　　　〉文法理解 1 (p.86)

Cóng nǐ jiā dào xuéxiào yào duōcháng shíjiān?

从　你　家　到　学校　要　多长　时间？

（あなたの家から学校までどれくらい時間がかかりますか。）

Cóng wǒ jiā dào xuéxiào　zuò diànchē yào yíge xiǎoshí.

（从　我　家　到　学校）坐　电车　要　一个　小时。

（私の家から学校まで電車で一時間かかります。）

> 自分で中国語にしましょう。

nǐ jiā　　xuéxiào
① 你家 ⇒ 学校

zuò diànchē　yíge xiǎoshí
坐　电车　（一个　小时）

zǒuzhe　shí fēnzhōng
走着　（十　分钟）

qí zìxíngchē　wǔ fēnzhōng
骑　自行车（五　分钟）

zhèr　　Qiǎncǎo
② 这儿 ⇒ 浅草

qí zìxíngchē
骑　自行车（20 分）

zuò dìtiě
坐　地铁（10 分）

dǎ chē
打 车（15 分）

chēzhàn　jīchǎng
③ 车站 ⇒ 机场

zuò jīchǎng bāshì
坐　机场　巴士＊（30 分）

zuò huǒchē
坐　火车（1 時間半）

zhèr　　Běihǎidào
④ 这儿 ⇒ 北海道

zuò xīngànxiàn
坐　新干线（5 時間）

zuò fēijī
坐　飞机（2 時間）

＊リムジンバス

**場面 1**

**1** 何も見ずに聞きましょう。 🔊 105

（ヒント：上野公園で、浅草寺（せんそうじ）までの行き方を聞かれています。）

⇒ **問い**　美玲さんはどう提案しましたか。観光客は何を気にしていますか。

**2** 単語を確認して、もう一度聞きましょう。

・浅草寺 Qiǎncǎosì 浅草寺（せんそうじ）　　・银座线 Yínzuò xiàn（東京メトロ）銀座線
・浅草站 Qiǎncǎo zhàn 浅草（あさくさ）駅　☆走着 zǒuzhe 歩いて　☆左右 zuǒyòu ～ぐらい
・还是（…吧）háishi(…ba) やはり

**3** 本文を見ながら音声を聞きましょう。　🔊 105

◆ 語彙 ◆ 🔊 106

観：
Nǐhǎo.　Qǐngwèn yíxià,　Qiǎncǎosì zěnme zǒu?
你好。　请问 一下，浅草寺 怎么 走？

☆你好 Nǐhǎo すみません（知らない人への呼びかけ）

林：
Zuò dìtiě Yínzuò xiàn, zài Qiǎncǎo zhàn xiàchē.
坐 地铁 银座 线，在 浅草 站 下车。

☆请问 qǐngwèn おたずねします

観：
Lí zhèr yuǎn ma?
离 这儿 远 吗？

●浅草寺 Qiǎncǎosì せんそうじ

林：
Bùyuǎn.　Bǐjiào jìn.　Yě kěyǐ zǒuzhe qù.
不远。　比较 近。　也 可以 走着 去。

観：
Cóng zhèr dào Léimén zǒuzhe yào duōcháng shíjiān?
从 这儿 到 雷门 走着 要 多长 时间？

●雷门 Léimén かみなりもん（浅草寺の入り口の門）

林：
Yào sānshí fēnzhōng zuǒyòu.
要 三十 分钟 左右。

☆左右 zuǒyòu ぐらい

観：
Nà, wǒmen háishi zuò dìtiě qù ba. Xièxie nǐ a!
那，我们 还是 坐 地铁 去 吧。谢谢 你 啊！

●还是（…吧）háishi（…ba）やはり

林：
Bú kèqi.
不 客气。

## 知らない人への呼びかけ

　知り合ったばかりの人への挨拶や、知らない人、店員などへの呼びかけにはよく"你好"を使います。なお、近年では店員を含め、面識のない女性に対しては"美女"měinǚ、男性に対しては"帅哥"shuàigē と呼びかけることが多くなりました（外見への判断は含まれず、相手のことを美女やイケメンだと思っているかどうかに関係なく使います）。

　ただし、こうした呼びかけ表現は時代によっても変化することに注意が必要です。たとえば以前は一般的であった、知らない女性や店員への"小姐"xiǎojiě という呼びかけは、現在使うと失礼に思われてしまう可能性がありますし、店員の正式な呼称である"服务员"fúwùyuán も人によっては失礼とみなされます。逆に"美女""帅哥"も日本に来て長い人や、中国大陸以外の地域の人等には、外見への言及だと誤解されてしまうかもしれません。みなさんが話しかける際には、とりあえず"你好"を使うのが無難でしょう。

**1-1.** 活動 あなたの街の主要駅（一番中心の駅を想定）で、中国人観光客に次のように聞かれました。それぞれの場所への交通機関と所要時間を答えましょう。

从这儿到 ○○大学 要多长时间?

坐 地铁 要半个小时。

| 目的地 | 交通機関と所要時間 |
|---|---|
| dàxué<br>○○大学（自分の大学名） | |
| jīchǎng<br>机场 | |
| ＊ | |

＊実際に観光客に聞かれそうな場所を自分で考えて書きましょう（例：上野動物園）

**1-2.** 活動 （インタビュー）相手の家からそれぞれの場所まで遠いか、所要時間はどれくらいかを聞いて書きましょう（メモ：遠いか／手段／所要時間）。

你家离 学校 远吗?

从你家到 学校 要多长时间?

| | 家 jiā ⟷ 学校 xuéxiào | 家 jiā ⟷ 车站 chēzhàn |
|---|---|---|
| （　　　　　） | | |
| （　　　　　） | | |

**1-3.** 活動 あなたは東京へ旅行予定の留学生に次のように聞かれました。東京駅からの行き方を教えてあげましょう。

Díshìnílèyuán

迪士尼乐园怎么走?

Dōngjīngzhàn

从东京站到迪士尼乐园要多长时间?

要

Can-do

## 2 簡単な道案内や乗り換え案内ができる。

### ウォームアップ

◆あなたは次のような質問をされたときに、どのように答えますか。住んでいる街を想定して考えましょう。

　1．目的地までの道順　　2．乗り換え案内

### キーワード2（事前学習）

① 単語を聞いて、発音しましょう。 🔊 107

#### 距離

a.公里　gōnglǐ　km
b.米　mǐ　m

#### 交通

a.路　lù　道、道路
b.红绿灯　hónglùdēng　信号
c.路口　lùkǒu　交差点
d.走　zǒu　歩く、行く

e.右拐　yòu guǎi　右折する
f.左拐　zuǒ guǎi　左折する
g.换乘　huànchéng　乗り換える

#### 場所・建物

a.超市　chāoshì　スーパー
b.银行　yínháng　銀行
c.图书馆　túshūguǎn　図書館
d.公园　gōngyuán　公園
e.机场　jīchǎng　空港

f.邮局　yóujú　郵便局
g.便利店　biànlìdiàn　コンビニ
h.洗手间　xǐshǒujiān｜厕所　cèsuǒ
　　　　　　トイレ、便所
i.加油站　jiāyóuzhàn　ガソリンスタンド

#### 行為

a.查 地图　chá dìtú　地図を調べる　b.发 定位　fā dìngwèi　位置情報を送る

78

**2** 会話を聞いて選びましょう。

◆ それぞれの話題について、会話をしています。

（1）どの場所への道案内をしていますか。選びましょう。 🔊 108

① _____ ② _____ ③ _____ ④ _____

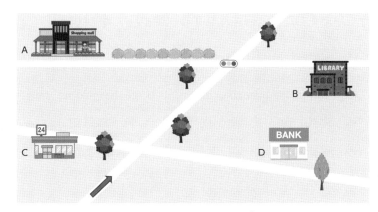

（2）どの状況について話していますか。選びましょう。 🔊 109

① _____ ② _____ ③ _____ ④ _____ ⑤ _____ ⑥ _____

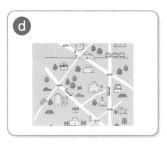

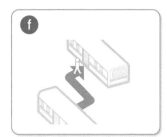

◆準備（事前学習）

2-3（活動）に、関西国際空港からユニバーサルスタジオジャパンまでの乗り換え案内（電車）と所要時間を中国語で書きましょう。

＊乗り換え案内の書き方はアクション2の 3 を参照してください。

**アクション2** 道案内や乗り換え案内をする。

①会話例を聞きましょう。

②シャドーイングをしましょう（会話例を見ながら→何も見ずに）。

③会話練習をしましょう（ペア）。

④【応用】 **1** について、地図だけを見て答えましょう。

**1** どうやって行くかたずねたり、答えたりする（徒歩）。 🔊 110　　▶文法理解2 (p.87)

Dòngwùyuán　zěnme　zǒu?

> 动物园　怎么　走?　　（動物園へはどうやって行きますか。）

Cóng　zhèr　xiàng　qián　zǒu, dàole　dì-yī　ge　hónglǜdēng　wǎng　yòu　guǎi.

> 从　这儿　向　前　走，到了　第一　个　红绿灯　往　右　拐。

（ここから前方に行き、一つ目の信号に着いたら右へ曲がります。）

Dòngwùyuán
① 动物园

Yóujú
② 邮局

Yǒngwàng
③ 永旺（イオン）

Biànlìdiàn
④ 便利店

| | qián | dì-yī ge hónglǜdēng | yòu | | qián | dì-èr ge hónglǜdēng | zuǒ |
|---|---|---|---|---|---|---|---|
| ① | 前 → | 第一 个 红绿灯 → | 右 | ② | 前 → | 第二 个 红绿灯 → | 左 |
| | zuǒ | dì-sān ge lùkǒu | yòu | | yòu | dì-èr ge lùkǒu | zuǒ |
| ③ | 左 → | 第三 个 路口* → | 右 | ④ | 右 → | 第二 个 路口 → | 左 |

＊ "加油站" など、目印になるものを伝えることもできます。

**2** 距離をたずねたり、答えたりする。 🔊 111　　▶文法理解3 (p.87)

Xuéxiào　lí　chēzhàn　yǒu　duōyuǎn?

> 学校　离　车站　有　多远?

（学校は駅からどれくらいの距離がありますか。）

Liǎng gōnglǐ.

> 两　公里。　（2kmです。）

| | Xuéxiào | liǎng gōnglǐ | | Yōuyīkù | yìbǎi mǐ zuǒyòu |
|---|---|---|---|---|---|
| ① | 学校 … | 两 公里 | ② | 优衣库* … | 一百 米 左右 |
| | Bówùguǎn | yìqiān bābǎi mǐ | | Jīchǎng | sìshí duō gōnglǐ |
| ③ | 博物馆 … | 一千 八百 米 | ④ | 机场 … | 四十 多* 公里 |

＊优衣库：ユニクロ　＊多：～あまり

**3** 目的地までの乗り換え案内をする。 (())) 112

Cóng zhèr zěnme qù Dōngjīngtǎ?

从 这儿 怎么 去 东京塔？

（ここから東京タワーにはどう行きますか。）

Xiān zuò JR Shānshǒu xiàn,

先 坐 JR 山手 线，

ránhòu zài Bīnsōngdīng zhàn huànchéng dìtiě Dàjiānghù xiàn.

然后 在 滨松町 站 换乘 地铁 大江户 线。

（まずJR山手線に乗り、その後浜松町駅で地下鉄大江戸線に乗り換えます。）

Dōngjīngtǎ　　　JR Shānshǒu xiàn　　Bīnsōngdīng zhàn　　dìtiě Dàjiānghù xiàn
① 《东京塔》 … JR 山手 线 ⇒ 滨松町 站 ⇒ 地铁 大江户 线

Jīngésì　　　　JR xiàn　　Jīngdū zhàn　　shìyíng bāshì yāolíngyāo lù
② 《金阁寺》 … JR 线 ⇒ 京都 站 ⇒ 市营 巴士 101 路

**4** 地図やスマートフォンを用いる。 (())) 113

Nǐ dìng de fàndiàn zài nǎr?

你 订 的 饭店 在 哪儿？

（予約したレストランはどこですか。）

Wǒ gěi nǐ fā dìngwèi ba.

我 给 你 发 定位 吧。

（位置情報を送ってあげますね。）

 谢谢！

Nǐ dìng de fàndiàn fā dìngwèi
① 你 订* 的 饭店 … 发 定位

 Shuǐzúguǎn chá dìtú
② 水族馆 … 查 地图

＊订：予約する

**場面2**

**1** 何も見ずに聞きましょう。 (())) 114

（ヒント：観光客に道をたずねられています。）

⇒ 問い どのような交通手段を教えましたか。

**2** 単語を確認して、もう一度聞きましょう。

☆问 wèn 質問する ・观光信息中心 Guānguāng xìnxī zhōngxīn 観光情報センター

・麻烦 máfan 手数をかける ・晴空塔 Qíngkōngtǎ スカイツリー

・银座线 Yínzuò xiàn 銀座線

住んでいる町の交通について話す

**3** 本文を見ながら音声を聞きましょう。 🔊 114

観： Nǐhǎo, wǒ xiǎng wèn yíxià.
你好，我 想 问 一下。

☆问 wèn 質問する

Guānguāng xìnxī zhōngxīn zài nǎr?
观光 信息 中心 在 哪儿？

●观光信息中心
Guānguāng xìnxī
zhōngxīn 観光情報セン
ター

林： Wǒ gěi nǐ chá dìtú ba. Cóng zhèr xiàng qián zǒu.
我 给 你 查 地图 吧。··· 从 这儿 向 前 走。

Dàole dì-èr ge hónglǜdēng wǎng yòu guǎi.
到了第二个 红绿灯 往 右 拐。

Guānguāng xìnxī zhōngxīn zài nà tiáo lù de zuǒbian.
观光 信息 中心 在 那 条 路 的 左边。

観： Lí zhèr yǒu duō yuǎn?
离 这儿 有 多 远？

林： Bābǎi mǐ zuǒyòu. Zǒu jǐ fēnzhōng jiù dào.
八百 米 左右。 走 几 分钟 就 到。

●几分钟 jǐ fēnzhōng 何分
か（"几" は不定の数を
表す）
●就 jiù 時間的に早いこ
とを示す（第6課文法
理解 4 ）

観： Máfan nǐ le. Xièxie.
麻烦 你 了。 谢谢。

☆到 dào 着く、到着する
●麻烦 máfan 手数をかけ
る、面倒をかける

（また別の観光客が）

観： Bù hǎoyìsi. Dōngjīng Qíngkōngtǎ, zěnme zǒu?
不 好意思。 东京 晴空塔，怎么 走？

●晴空塔 Qíngkōngtǎ ス
カイツリー

林： Xiān zuò dìtiě Yínzuò xiàn, ránhòu zài Qiǎncǎo zhàn
先 坐 地铁 银座 线，然后 在 浅草 站

huànchéng Dōngwǔ Qíngkōngtǎ xiàn.
换乘 东武 晴空塔 线。

●东武晴空塔线
Dōngwǔ Qíngkōngtǎ
xiàn 東武スカイツリー
ライン

観： Wǒ zhīdào le. Xièxie nǐ le!
我 知道 了。 谢谢 你 了！

**2-1.** **活動** ペアで、それぞれの場所へどうやって行くかたずね、答えましょう。

Nǐhǎo, wǒ xiǎng wèn yíxià.

你好，我 想 问 一下。 （←最初の声かけ時のみ）

A 便利店 biànlìdiàn

B 邮局 yóujú

C 超市 chāoshì

D 电影院 diànyǐngyuàn

E 你住的饭店 nǐ zhù de fàndiàn

（泊まっているホテル）

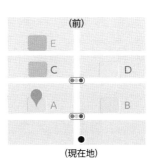

（前）

（現在地）

**2-2.** **活動** 相手の家からそれぞれの場所までの距離（km/m）を聞きましょう。

| | 学校 xuéxiào | 便利店 biànlì diàn | 火车站 huǒchē zhàn |
|---|---|---|---|
| ( ) | | | |
| ( ) | | | |

（おおよその距離を答えましょう）

**2-3.** **活動** あなたは大阪へ飛行機で遊びに行く予定の留学生に次のように聞かれました。関西国際空港から目的地までの乗り継ぎ（電車）を教えてあげましょう。

Huánqiú yǐngchéng

环球影城 怎么走？

从机场到 USJ 要多长时间？

## タスク 5-1(A)  （インフォメーション・ギャップ→右側の人は p.139 を参照）

ロール1　あなたは観光客です。自分が聞きたい場所について相手に聞いて、番号を書き入れましょう。

ロール2　あなたは駅前で中国人観光客から道を聞かれました。地図を見ながら案内しましょう。

聞きたい場所　❶中央公園　❷郵局　❸〇〇大学*

＊所属する大学名を入れる

 你好，我想问一下。便利店 怎么走？

从这儿向前走，到了第一个红绿灯往右拐（就到）。

就到 jiù dào：～すればそれで（すぐ）着きます。

| Zhōngyāng gōngyuán | yóujú | dàxué | Yǒngwàng | shìlì yīyuàn | diànyǐngyuàn |
|---|---|---|---|---|---|
| ① 中央公园 | ②邮局 | ③大学 | ④永旺 | ⑤市立 医院 | ⑥电影院 |

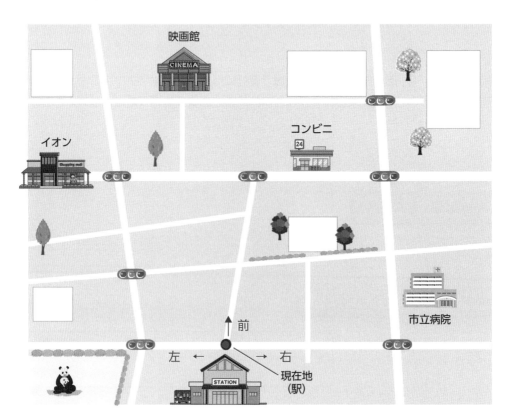

あなたの町に、オンライン授業で知り合った中国の大学生達が、研修にやってくることになりました。大学所在地（都道府県や都市）のおすすめ観光スポットをいくつか選定して、一番の主要駅からの行き方を示した、簡単な観光・乗り換えマップを作成して送りましょう。

 事前課題

STEP ① 大学所在地（都道府県や都市）の主要な交通機関や、主要な駅の名前をいくつか書きましょう（必要に応じて交通機関等のウェブサイトを参照しましょう）。

メモ

STEP ② 特におすすめの観光地を1つ選び、主要駅からの道案内を書きましょう。

①行き先 ［                              ］

　道案内：

 授業

STEP ③ （3人程度）グループで話し合い、あと2つ（合計3つ）の観光地を決めましょう（足りなければ、分担して調べましょう）。

②行き先 ［                              ］

　道案内：

③行き先 ［                              ］

　道案内：

STEP ④ 結果を踏まえ、研修生や観光客向けに、簡単な観光・乗り換えマップ（文字での説明や路線図を含む）を別紙に作成しましょう。→オンラインの場合はホワイトボード等の機能を使い、みんなで描きましょう。→ 提出

## 文 法 理 解 🔊 116

### 1 "从 A 到 B" "离"

1. cóng    dào
   从 A 到 B
   「A から B まで」

   Cóng wǒ jiā dào xuéxiào yào yíge xiǎoshí.
   从 我 家 到 学校 要 一 个 小时。
   (私の家から学校まで一時間かかります。)

2. lí
   离
   「〜から」(二点間の隔たり)

   Wǒ jiā lí xuéxiào hěn yuǎn.
   我 家 离 学校 很 远。
   (私の家は学校から遠いです。)

"从" は起点、"到" は到達点を表します。

到

从    (家を出発して、学校に到着する)

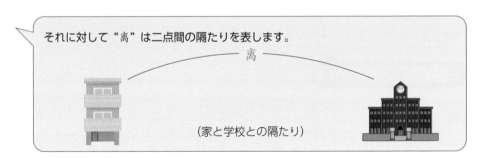

それに対して "离" は二点間の隔たりを表します。

离

(家と学校との隔たり)

《応用》

"从" や "到" は、時間の起点や到達点を表すことができます。

kāishǐ
・从…开始
「(日時) 〜から始まる」

Shǔjià cóng bā yuè shí hào kāishǐ.
暑假 从 八 月 十 号 开始。
(夏休みは 8 月 10 日から始まります。)

**2** "向""往"

xiàng

1. 向「～に向かって」

Cóng zhèr xiàng qián zǒu.

从 这儿 向 前 走。

（ここから前に歩いて行きます。）

wǎng

2. 往「～に向かって」

Dàole hónglǜdēng wǎng yòu guǎi.

到了 红绿灯 往 右 拐。

（信号に着いたら、右に曲がります。）

どちらも「～に向かって」ですが、"往" のあとには方向や移動先の場所が付きます。

"向" のあとには、これらのほかに、人なども付けられます。例：请向他问好。（彼によろしく。）

**3** "多"＋形容詞

形容詞の前に "多" を付けると、「どのくらい～か」という疑問の言葉になります。

duōyuǎn

・多远

「どのくらい遠いか」

Nǐ jiā lí xuéxiào yǒu duōyuǎn?

你 家 离 学校 有 多远?

（あなたの家は学校からどれくらい遠いですか。）

このほかには "多长""多大""多高" など。

**4** "先···然后"

xiān ránhòu

・先 ··· 然后

「まず···、その後～」

Xiān zuò JR xiàn, ránhòu zuò dìtiě.

先 坐 JR 线, 然后 坐 地铁。

（まず JR に乗り、その後地下鉄に乗ります。）

第 **5** 課

文法理解

# 事情や状況・体調について話す

## Can-do

| 1 | 事情や状況をたずねたり、簡単な言葉で答えたりできる。 |

**ウォームアップ**

◆あなたは次のような場合に、どんなふうに事情を説明したり、謝ったりしますか。

　　1．行事に参加できない場合　　2．待ち合わせの時間に遅れそうな場合

● **キーワード1（事前学習）**

**①** 単語を聞いて、発音しましょう。 🔊 **117**

### 動作の結果（結果補語）

a.～完　wán　～し終わる

b.～好　hǎo　ちゃんと～する、～し終わる

### 事情や理由

a.堵车　dǔ//chē　渋滞する

b.睡过　shuìguò　寝過ごす、寝坊する

c.迷路　mí//lù　道に迷う

d.赶上　gǎn//・shàng*　間に合う

e.（感）兴趣　gǎn xìngqù　興味（がある）

f.事　shì　事、用事

g.忘　wàng　忘れる

h.坏　huài　悪い、壊れている

＊声調のついたピンインの前の・は、軽声で読む場合もあることを示しています。

### 動作の状況や時間に関する表現（副詞）

a.还　hái　まだ、さらに、また

b.马上　mǎshàng　すぐに

c.就　jiù　すぐ、とっくに

d.才　cái　ようやく、やっと

### その他

a.小心　xiǎoxīn　気を付ける

b.晚　wǎn　遅い

c.慢　màn　遅い、ゆっくり

d.睡（觉）shuì//jiào　寝る

**2** 会話を聞いて選びましょう。

◆ それぞれの話題について、会話をしています。

（1）どの状況について話していますか。選びましょう。 🔊 118

① _____　② _____　③ _____　④ _____　⑤ _____　⑥ _____

宿題？

（2）状況を選びましょう。 🔊 119

これまでに学んだ語彙を思い出しましょう。

① _____　② _____　③ _____　④ _____

◆準備（事前学習）

1-1（活動）に、問いに対する答えを中国語で書きましょう。

 授業

アクション1 事情や状況について確認したり説明したりする。

①会話例を聞きましょう。

②シャドーイングをしましょう（会話例を見ながら→何も見ずに）。

③会話練習をしましょう（ペア）。

④【応用】教科書を見ずに、実際のことを想定して答えましょう。

**1** 事情をたずねる。 🔊 120　　　　　　　　　　　　　　　　　文法理解1,2 (p.102)

Nǐ zěnme hái méi lái ne?
你 怎么 还 没 来 呢?
（なんでまだ来ていないの？）

Dǔchē ne.
堵车 呢。 （渋滞中なんです。）

|  |  |  |
|---|---|---|
| hái méi lái　dǔchē ne | bù cānjiā　méi xìngqù | háiméi xiě zuòyè |
| ① 还 没 来 … 堵车 呢 | ② 不 参加 … 没 兴趣 | ③ 还没 写 作业 |

shuìguò le
睡过 了

mílù le
迷路 了

méi gǎnshàng diànchē
没 赶上 电车

yǒushì
有事

yǒudiǎr máng
有点儿 忙

gǎnmào le
感冒 了*

tài nán le
… 太 难 了

wǒ wàng le
我 忘 了

diànnǎo huài le
电脑 坏 了

＊感冒了：風邪を引いた

**2** ちゃんとできたか、〜し終わったか確認する。 🔊 121　　　　　　文法理解3(p.102)

Yīngyǔ zuòyè, nǐ xiěhǎo le ma?
英语 作业,你 写好 了 吗?
（英語の宿題、書き終えましたか。）

Wǒ xiěhǎo le.
我 写好 了。

Wǒ hái méi xiěhǎo.
我（还）没 写好。

Yīngyǔ zuòyè　xiěhǎo
① 英语 作业 … 写好

Zhèběn shū　kànwán
② 这本 书 … 看完

Zuótiān wǎnshang　shuìhǎo
③ 昨天 晚上 … 睡好

否定は "没睡好"

**3** 遅れそうなときに、いつ着くかを説明する／それに返信する。🔊 **122** 〉〉 文法理解 4 (p.103)

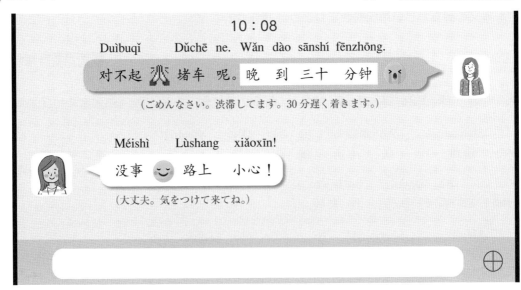

10：08

Duìbuqǐ　　Dǔchē ne. Wǎn dào sānshí fēnzhōng.
对不起 🙏 堵车 呢。晚 到 三十 分钟 😮‍💨
（ごめんなさい。渋滞してます。30分遅く着きます。）

Méishì　　Lùshang　xiǎoxīn!
没事 ☺ 路上 小心！
（大丈夫。気をつけて来てね。）

"就"は時間的に早いこと、"才"は遅いことを示します。

◇いつ着くか説明する

| | wǎn dào　sānshí　fēnzhōng | | mǎshàng jiù dào | | shíyī diǎn cái néng dào |
|---|---|---|---|---|---|
| ① | 晚 到 三十 分钟 | ② | 马上 **就** 到 | ③ | 十一 点 **才** 能 到 |

◇大丈夫だと告げる

| | Méishì | | Méi guānxi |
|---|---|---|---|
| ① | 没事 | ② | 没 关系 |
| | （大丈夫） | | （かまいません） |

◇気遣う

| | Lùshang xiǎoxīn | | Màn diǎnr zǒu. Bié zháojí |
|---|---|---|---|
| ① | 路上 小心 | ② | 慢 点儿 走。别* 着急* |
| | （道中気をつけて） | | （ゆっくり来て。急がないで） |

＊别：〜するな　＊着急：焦る

場面1

**1** 何も見ずに聞きましょう。 🔊 **123**

（ヒント：美玲さんは張さんとの待ち合わせに遅れたようです。）

⇒ 問い なぜ遅れましたか。張さんは何を提案しましたか。話し合いましょう。

**2** 単語を確認して、もう一度聞きましょう。

☆快要…了 kuàiyào…le もうすぐ…だ　・一会儿 yíhuìr ちょっと（の間）
☆对…感兴趣 duì…gǎn xìngqù …に興味がある　☆帮 bāng 手伝う　☆帮助 bāngzhù 手助けする

第 **6** 課　事情や状況・体調について話す

**3** 本文を見ながら音声を聞きましょう。 🔊 123

（電話で）

Wéi, nǐ zěnme hái méi lái ne? Diànyǐng kuàiyào kāishǐ le.
张：喂，你 怎么 还 没 来 呢？ 电影 快要 开始 了。

Shuìguò le. Wǒ mǎshàng jiù dào. Děng yíhuìr.
林：睡过 了。 我 马上 就 到。 等 一会儿。

Bù hǎoyìsi, wǒ láiwǎn le.
（到着して）不 好意思， 我 来晚 了。

Méishì. Zěnme le? Nǐ zuótiān méi shuìhǎo ma?
张：没事。 … 怎么 了？ 你 昨天 没 睡好 吗？

Duì a. Yīnwèi zhècì de Yīngyǔ zuòyè chāojí nán,
林：对 啊。 因为 这次 的 英语 作业 超级 难，

suǒyǐ wǒ língchén sān diǎn cái shuìjiào.
所以 我 凌晨 三 点 才 睡觉。

Xiànzài hái méi zuòwán ne
现在 还 没 做完 呢…

Nán ma? Wǒ qiántiān jiù xiěhǎo le.
张：难 吗？ 我 前天 就 写好 了。

Nǐ zěnme nàme kuài a?
林：你 怎么 那么 快 啊？

Wǒ duì wàiyǔ gǎn xìngqù. Jīntiān kànwán diànyǐng,
张：我 对 外语 感 兴趣。 今天 看完 电影，

wǒmen yìqǐ qù túshūguǎn ba. Wǒ bāng nǐ wánchéng
我们 一起 去 图书馆 吧。 我 帮 你 完成

zuòyè.
作业。

（宿題をやり終えて）

Xièxie nǐ de bāngzhù. Méi xiǎngdào zhème kuài jiù
林：谢谢 你 的 帮助。 没 想到 这么 快 就

xiěwán zuòyè le.
写完 作业 了。

◆ 語彙 ◆ 🔊 124

★ 快要…了 kuàiyào…le
もうすぐ…だ

● 一会儿 yíhuìr ／ yìhuǐr
ちょっと（の間）

☆ 没事（儿）
méi//shì(r) 大丈夫
☆ 怎么了 zěnme le どう
したの
☆ 对 duì そう、そのとお
り
★ 因为…所以 yīnwèi…
suǒyǐ …なので、だから
〜

● 凌晨 língchén 早朝

☆ 前天 qiántiān おととい

★ 对…感兴趣／有兴趣
duì…gǎn（yǒu）xìngqù
…に（対して）興味が
ある
☆ 帮 bāng 手伝う

☆ 帮助 bāngzhù 手助けす
る、助ける
● 想到 xiǎngdào 思いつ
く、考えが及ぶ（"到"
は結果補語→第８課文
法理解 ② 参照）

**1-1.** **活動** それぞれの人の問いに答えるつもりで、なぜ〜のか理由を書いてから、会話しましょう。

①

A 老师问：她怎么没来上课？

B ＿＿＿＿＿＿＿＿＿＿＿＿＿＿＿＿＿＿

② 19:30（図書館）

A 朋友问：你怎么这么晚还不回家？

B ＿＿＿＿＿＿＿＿＿＿＿＿＿＿＿＿＿＿

**1-2.** **活動** ❶ あなたは今日の待ち合わせに遅れそうです。自分の経験に照らして内容を考え、メッセージを送りましょう（謝る／状況やいつ着くか伝える）。

❷ （実際に LMS の掲示板等に投稿して）返信をもらいましょう。

**1-3.** **活動** （インタビュー）相手に聞き、実際のことで答えましょう。

英语作业，你 写好 / 做完 了 吗?

（はい○　いいえ×）

| | ( ) | ( ) |
|---|---|---|
| Yīngyǔ zuòyè xiě zuò<br>英语 作业 …写 / 做 | | |
| gāokǎo de nàtiān shuì<br>高考* 的 那天 …睡 | | |
| nà běn shū kàn<br>那 本 书* …看 （読み終わる） | | |

＊高考：大学入試　　＊共通して受けている講義の教科書等を想定

## 2 体調についてたずねたり、気づかったりできる。

### ウォームアップ

◆体調が悪いとき、病院や保健管理センターの問診ではどのようなことを聞かれますか。また、日本語の不自由な留学生に対して、私たちはどのようにサポートできるでしょうか。

### キーワード2（事前学習）

1 単語を聞いて、発音しましょう。 🔊 125

#### 動作の結果（結果補語）

a.〜懂 dǒng　理解する

#### 体の部位

a.头 tóu　頭　　　　　　　　d.手 shǒu　手
b.肚子 dùzi　お腹　　　　　e.鼻子 bízi　鼻
c.眼睛 yǎnjing　目　　　　f.嗓子 sǎngzi　喉

#### 体調と健康

a.舒服 shūfu　快適な、心地よい
　（"不舒服" は、「具合が悪い、気分が悪い」）
b.感冒 gǎnmào　風邪を引く
c.生病 shēng//bìng　病気になる
d.发烧 fā//shāo　熱が出る
e.受伤 shòu//shāng　けがをする
f.疼 téng　痛い
g.累 lèi　疲れる
h.咳嗽 késou　咳をする
i.体温 tǐwēn　体温

保健管理センター　問診票

**2** 会話を聞いて選びましょう。

◆ それぞれの話題について、会話をしています。

（1）どの症状について話していますか。最もふさわしいものを選びましょう。 🔊 126

① _____ ② _____ ③ _____ ④ _____ ⑤ _____ ⑥ _____

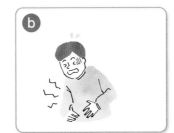

（2）それぞれの症状がいつからか、看護師と患者の会話を聞いて、選ぶか数字を書きましょう。
🔊 127（順番はバラバラに読まれます）

| | 症状 | いつから |
|---|---|---|
| ① | （発熱） | a. おととい<br>b. 昨晩<br>c. 今朝 |
| ② | （頭痛） | a. 土曜日<br>b. 日曜日<br>c. 月曜日 |
| ③ | （気分が悪い） | _____日前 |
| ④ | （腹痛） | ____月 ____日 |

アクション2 相手の体調や経過を確認する。

①会話例を聞きましょう。

②シャドーイングをしましょう（会話例を見ながら→何も見ずに）。

③会話練習をしましょう（ペア）。

④【応用】教科書を見ずに、実際のことを想定して答えましょう。

**1** 体調をたずね、気づかう。 📢 128

>> 文法理解 2 (p.102)

Nǐ zěnme le?
你 怎么 了?

（どうしましたか。）

Wǒ yǒudiǎnr bù shūfu.
我 有点儿 不 舒服 。

（ちょっと気分が悪いです。）

| yǒudiǎnr bù shūfu | gǎnmào le | fāshāo le | shòushāng le |
|---|---|---|---|
| ① 有点儿 不 舒服 | ② 感冒 了 | ③ 发烧 了 | ④ 受伤 了 |

>> 文法理解 発展学習 6 (p.103)

Zhùyì shēntǐ.
注意 身体。

（体に気を付けて。）

Hǎohāo xiūxi ba.
好好 休息 吧。

（よく休んでくださいね。）

**2** どこの調子が良くないか確かめる。 📢 129

Nǎli (Nǎr) bù shūfu?
哪里（哪儿）不 舒服?

（どこの調子が良くないですか。）

Wǒ dùzi téng.
我 肚子 疼 。

（お腹が痛いです。）

| | | | |
|---|---|---|---|
| dùzi téng | bízi yǎng | yǎnjing lèi le | yǒudiǎnr késou |
| ① 肚子 …疼 | ② 鼻子 … 痒* | ③ 眼睛 … 累 了 | ④ 有点儿 咳嗽 |
| 头 tóu | 眼睛 yǎnjing | *形容詞＋"了" | |
| 嗓子 sǎngzi | *痒かゆい | ⇒文法理解 ② (p.102) | |

**3** いつから症状が出始めたか確認する。 🔊 130　　第2課 文法理解 3 (p.39)

Nǐ shì cóng shénme shíhou kāishǐ fāshāo de?

你 是 从 什么 时候 开始 发烧 的?　（いつから熱が出始めたのですか。）

Wǒ shì cóng zuótiān kāishǐ fāshāo de.

（我 是 从）昨天 开始（发烧）的。

（昨日から熱が出始めたのです。）

| zuótiān | qiántiān | liǎngtiān qián | xīngqī tiān |
|---|---|---|---|
| ① 昨天 | ② 前天* | ③ 两天 前 | ④ 星期 天 |
| | （＊おととい） | | |

**4** （見て、聞いて）理解できたか確認する。 🔊 131　　文法理解 3 (p.102)

Yīshēng de huà, nǐ tīngdǒng le ma?

医生 的 话，你 听懂 了 吗?

（医者の話を聞きとれましたか。）

Wǒ tīngdǒng le.

○ 我 听懂 了。

Wǒ méi tīngdǒng.

× 我 没 听懂。

| Yīshēng de huà tīng | Zhège yào de shuōmíng kàn | Tā de Zhōngwén tīng |
|---|---|---|
| ① 医生 的话 … 听 | ② 这个 药 的 说明 … 看 | ③ 她 的 中文 … 听 |

**5** その後の経過をたずねる。 🔊 132

Nǐ hǎo diǎnr le ma?

你 好 点儿 了 吗?

（体調は少しは良くなりましたか。）

Hǎo duō le.

好 多 了。

（だいぶ良くなりました。）

【 場面 2 】 ▶

**1** 何も見ずに聞きましょう。 🔊 133

（ヒント：体調の悪い劉さんと音声通話をしています。）

⇒ 【 問い 】 劉さんはどうしましたか。また、どんなミスをしましたか。

**2** 単語を確認して、もう一度聞きましょう。

☆又…了 yòu…le また　・周六 zhōuliù 土曜日　☆吃药 chī//yào 薬を飲む　・片 piàn 錠

☆別～ bié ～するな　☆対～ duì ～に（対して、向かって）　☆再 zài また

**3** 本文を見ながら音声を聞きましょう。 🔊 133

刘：
Wǒ yòu shēngbìng le. Tóu hěn téng.
我 又 生病 了。头 很 疼。

林：
Nǐ méishì ba? Nǐ de tǐwēn shì duōshao?
你 没事 吧？ 你 的 体温 是 多少？

刘：
Sānshíqī dù bā.
三十七 度 八。

林：
Nǐ shì cóng shénme shíhou kāishǐ fāshāo de?
你 是 从 什么 时候 开始 发烧 的？

刘：
Shàng zhōuliù kāishǐ de. Nǐ bāng wǒ kàn yíxià, zhège
上 周六 开始 的。你 帮 我 看 一下，这个
yào zěnme chī? Yīshēng shuō de huà, wǒ méi tīngdǒng.
药 怎么 吃？ 医生 说 的 话， 我 没 听懂。

林：
Gěi wǒ kànkan. Zhège yào měitiān
给 我 看看。（写真を送ってもらい）这个 药 每天
fànhòu chī yípiàn. Yìtiān chī sāncì.
饭后 吃 一片。 一天 吃 三次。

刘：
Zhēnde ma? Wǒ zuótiān shuìjiào qián chīle sānpiàn.
真的 吗？ 我 昨天 睡觉 前 吃了 三片。

林：
Nǐ bié chī nàme duō le. Duì shēntǐ bù hǎo. …
你 别 吃 那么 多 了。对 身体 不 好。…
Nà nǐ hǎohāo xiūxi ba. Wǒ míngtiān zài gěi nǐ dǎ
那 你 好好 休息 吧。我 明天 再 给 你 打
diànhuà.
电话。

刘：
Ng, báibái.
嗯，拜拜。

◆ 語彙 ◆ 🔊 134

★又…了 yòu…le（すでに起こった出来事について）また

☆没事吧？ méishì ba? 大丈夫ですか（直訳：なんでもないでしょ？→相手の無事を願う気持ちを表す）

●周六 zhōuliù 土曜日≒星期六

☆吃药 chī//yào 薬を飲む

●片 piàn 錠

★别〜（了）bié 〜（le）するな、してはならない
☆对 duì 〜に（対して、向かって）
★好好 hǎohāo しっかりと、ちゃんと
☆休息 xiūxi 休む
★再 zài（未実現のことについて）また

**2-1.** 活動 あなたは日本語があまり上手でない中国人留学生に付き添って、大学内の保健管理センターか病院に行くことになりました。看護師に伝えられるよう、どこの調子が悪いのか、いつからなのかあらかじめ確認しておきましょう。

你怎么了？（哪里不舒服？）

你是从什么时候开始 发烧 的？

| ① | ② | ③ | ④ | ⑤ |
|---|---|---|---|---|
| 昨日 | 今朝 | 日曜日 | 三日前 | |

**2-2.** 活動 （インタビュー）ペアの相手に聞いてみましょう。（〇か×）

Dì-liù kè de kèwén

第六 课 的 课文，你看懂了吗？

Zhōngwén

她的 中文，你听懂了吗？

| | 课文（本文） | 中文 ⇒ 🔊 135 |
|---|---|---|
| ( ) | | |
| ( ) | | |

**2-3.** 活動（A）（インフォメーション・ギャップ→左側の人は p.140 を参照）
②③の服用方法を中国語で聞き、①④について相手に説明しましょう。

Zhège yào zěnme chī?

这个 药 怎么 吃？

（饭前 fànqián　饭后 fànhòu　睡前 shuìqián）

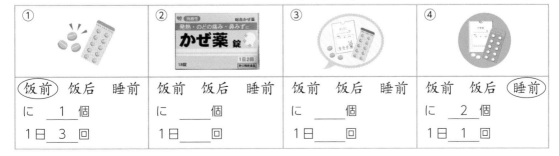

| ① | ② | ③ | ④ |
|---|---|---|---|
| (饭前) 饭后 睡前 | 饭前 饭后 睡前 | 饭前 饭后 睡前 | 饭前 饭后 (睡前) |
| に ＿1＿ 個 | に ＿＿ 個 | に ＿＿ 個 | に ＿2＿ 個 |
| 1日 ＿3＿ 回 | 1日 ＿＿ 回 | 1日 ＿＿ 回 | 1日 ＿1＿ 回 |

第 **6** 課

事情や状況・体調について話す

99

## タスク ❻

> **テーマ** あなたは来日したばかりの留学生に付き添って、学内の保健管理センターに行きました。まだ日本がよくわからない留学生に代わって問診票を書くために、相手に質問をしましょう。

---

### 事前準備

**❶** あなたの大学に来たばかりの留学生を想定して、基本情報や症状等を書きましょう（自由に想像して書いてかまいませんが、できるだけ現実的な内容にしましょう）。

> ・生年月日_____年____月____日　・年齢____歳　・体温_____℃
>
> ・携帯番号_____　・学籍番号_____
>
> ・症状_____　・いつからか_____

**❷** 日本語が得意でない中国語話者に紹介できるよう、あなたの住む地域で中国語の医療通訳や電話通訳に対応している病院を探して書きましょう。　＊中国語の言語コードは「ZH」です（英語は「EN」）。

---

### 授業

**タスク前活動（仲介）** **❶** (リスニング) 日本に来たばかりの留学生から中国語で情報を聞いて、問診票に書き込みましょう。 🔊 **136**

---

## 保健管理センター　問診票

> ヒント：2005 年は平成 17 年　　2010 年は平成 22 年

本日の体温_____℃

| フリガナ<br>氏名 | | 生年<br>月日 | 昭・平・令<br>　　年　　月　　日（　　歳） | |
|---|---|---|---|---|
| 電話番号 | | | 学籍番号 | |

（＊1 は yāo と発音）

| どうしましたか。 |
|---|
| □発熱　　□咳　　□下痢（腹痛）　　□頭痛　　□痒み　　□気分が悪い |
| いつからですか。 |
| ・_____から |

**❷** 以下のスクリプトを見ながら、もういちど会話を聞きましょう。 🔊 **136**

Nǐ de chūshēng nián yuè rì shì duōshao?

你的 出生 年月日 是 多少?

你今年多大?

shǒujīhào xuéhào

你的 手机号 / 学号 是 多少?

Nǐ jīntiān de tǐwēn shì duōshao?

你 今天 的 体温 是 多少?

Nǐ zěnme le? Nǎli bù shūfu?

你 怎么 了? 哪里 不 舒服?

Nǐ shì cóng shénme shíhou kāishǐ ＿＿＿ de?

你 是 从 什么 时候 开始 ＿＿＿ 的?

hào

＿＿＿ 年 ＿＿＿ 月 ＿＿＿ 号。

＿＿＿ 岁。

＿＿＿＿＿＿

dù

＿＿＿ 度 ＿＿＿。

我 ＿＿＿＿＿。

从 ＿＿＿＿ 开始 的。

---

**タスク** あなたは日本に来たばかりの留学生を連れて、保健管理センターに来ました。
相手から情報（事前準備の内容）を聞き出して書きましょう。

| | | | | 本日の体温 ＿＿＿＿＿℃ |
|---|---|---|---|---|
| フリガナ<br>氏名 | | 生年<br>月日 | 昭・平・令<br>　　年　　月　　日（　　歳） | |
| 電話番号 | | 学籍番号 | | |

| どうしましたか。 |
|---|
| □発熱　　□咳　　□下痢（腹痛）　　□頭痛　　□痒み　　□気分が悪い |
| いつからですか。 |
| ・＿＿＿＿＿＿から |

⚠ 注意
　現在では多くの病院が医療通訳や電話通訳、タブレットによる多言語ツール等を用意しています。
病院ではそれらを積極的に活用しましょう。

## 1 "怎么"

"怎么"＋動詞は、主に「どのように／どうやって」という意味で使われますが、この"怎么"と動詞の間に何かが入ると、いぶかって「なぜ」という意味で使われます。

- ・怎么＋**何か**＋動詞

  「(いぶかって) なぜ」≒为什么

  zěnme

  Nǐ zěnme háiméi lái ne?

  你 怎么 还没 来 呢?

  (あなたはなんでまだ来てないの？)

### 文法解説＋α (もっと知りたいひと向け)

- ・なお、"怎么"や"还"の文では、その気持ちを強める"呢"がよく文末に付きます（「なんで…なの？」「まだ…なんだよ」の下線部のニュアンスを表します）。
- ・ちなみに、"堵车呢"の"呢"は"正在…呢"「～しているところだ」の意味です。

## 2 語気助詞の"了"

文末の"了"（語気助詞の"了"）は、"状況の発生や変化"を示します。

1. 動詞（＋目的語）＋"了"

   「～した」

   Wǒ gǎnmào le.

   我 感冒 了。（私は風邪を引いた。）←状況の発生

2. 形容詞＋"了"

   「～になった」（変化）

   Wǒ de bìng hǎo le.

   我 的 病 好 了。（私の病気は良くなりました。）←変化

## 3 結果補語

結果補語とは：動詞の後ろにさらに動詞や形容詞を付けて、その動作の結果を示します。

例：看懂了。見て→（その結果）理解した。

　　写好了。書いて→（その結果）満足のいく状態になった／完成した。（書き上げた）

- ・動詞＋結果補語

  ～ "完"「～し終わる」

  ～ "好"「ちゃんと～する、～し終わる」

  ～ "懂"「理解する」

  zuòwán le　　xiěhǎo le　　tīngdǒng le

  做完 了　　写好 了　　听懂 了

  (やり終えた)　(書き上げた)　(聞いて理解した)

  méi zuòwán　　méi xiěhǎo　　méi tīngdǒng

  没 做完　　没 写好　　没 听懂

  (やり終えていない)（書き上げていない）（聞いて理解していない）

  否定は"没"を使います（"了"は付けません）。

  CHECK

## 4 "就" と "才"

"就" は、時間的に早いこと、"才" は時間的に遅いことを示します。

jiù
1. 就「すでに、とっくに」
(時間的に早いことを示す)

Wǒ jīntiān wǔdiǎn jiù qǐchuáng le.
我 今天 五点 就 起床 了。
(私は今日五時に（はもうとっくに）起きた。)

cái
2. 才「ようやく、やっと」
(時間的に遅いことを示す)

Wǒ zuótiān liǎngdiǎn cái shuìjiào.
我 昨天 两点 才 睡觉。
(私は昨日二時に（ようやく）寝た。)

 "才" の文には "了" はつきません。

---

**発展学習** 🔊 138

kuàiyào le
1. 快要 … 了
「もうすぐ…だ」

Kuàiyào kǎoshì le.
快要 考试 了。（もうすぐ試験だ。）

yīnwèi suǒyǐ
2. 因为 … 所以
「…なので、だから〜」
理由、原因 結果

Yīnwèi xiàzhōu yǒu kǎoshì, suǒyǐ wǒ bùnéng cānjiā.
因为 下周 有 考试，所以 我 不能 参加。
(来週試験があるので、参加できません。)

yòu le
3. 又…了（すでに起こった
出来事について）「また」

Tā yòu lái le.
他 又 来 了。 （彼はまた来た。）

zài
4. 再（未実現のことについて）
「また」

Wǒ míngtiān zài lái.
我 明天 再 来。 （私はまた明日来ます。）

bié le
5. 别… （了）
「〜するな」（禁止）

Bié pāizhào le.
别 拍照 了。 （写真を撮らないで下さい。）

hǎohāo
6. 好好 （形容詞の重ね型）
「しっかり、ちゃんと」

Nǐ hǎohāo xiūxi ba.
你 好好 休息 吧。 （ちゃんと休んでくださいね。）

---

 ＊形容詞の重ね型は、そのありさまをリアルに描写したり、強調したりする時に使います。
なお、単音節の形容詞が重なる場合、よく 2 つめの音節が第一声に変わり、語尾が r 化します。

## 第 7 課

# おもてなしをする

### Can-do

**1** 日本での生活を気づかったり、おもてなししたりできる。

**ウォームアップ**

◆日本に来たばかりの中国人留学生をもてなす際に、あなたは相手にどんなことを確認したり、話したりしますか。

　　1. 日本での生活を気づかう場合　　2. 食事に連れ出す際

**キーワード1（事前学習）**

**1** 単語を聞いて、発音しましょう。 🔊 139

**動作・行動**

a. 过 guò　過ごす、生活する
b. 玩儿 wánr　遊ぶ
c. 带 dài　連れる、率いる
d. 请 qǐng　ごちそうする

e. 帮 bāng　手伝う
f. (拿)行李 (ná)xíngli　荷物（を持つ）
g. 拍照 pāi//zhào　写真を撮る
h. 跳舞 tiào//wǔ　ダンスをする

> このように、一見すると一つの動詞のように見えて、動詞＋目的語に分解できる語を「離合（動）詞」と言います。

**食事**

a. 推荐 tuījiàn　推薦する
b. 特色菜 tèsècài
　　おすすめ料理、特色の有る料理
c. 忌口 jì//kǒu　食べられないもの

d. 生鸡蛋 shēng jīdàn　生卵
e. 生鱼片 shēngyúpiàn　刺身
f. 辣(的) là(de)　辛い（もの）
g. 虾 xiā　エビ

**性質や状態（形容詞）**

a. 愉快 yúkuài　愉快、楽しい
b. 开心 kāixīn　楽しい、うれしい

c. 流利 liúlì　流ちょう
d. 一般 yìbān　普通（微妙なときに使う）

**2** 会話を聞いて選びましょう。

◆ それぞれの話題について、会話をしています。

（1）どれについて話していますか。選びましょう。 🔊 140

① _____ ② _____ ③ _____ ④ _____ ⑤ _____ ⑥ _____

日本語、ちょとだ
け話せます。

（2）なにを提案していますか。 🔊 141

① _____ ② _____ ③ _____ ④ _____

◆準備（事前学習）

①あなたの地元の料理で、中国からの観光客や留学生におすすめしたいものの名前を中国語で書き
ましょう（簡体字＋ピンイン）。

②あなたの苦手な食べ物や、アレルギーで食べられない物を書きましょう（無ければ書かなくてか
まいません）。

 授業

アクション1 日本に来て間もない相手を気づかったり、もてなしたりする。

①会話例を聞きましょう。

②シャドーイングをしましょう（会話例を見ながら→何も見ずに）。

③会話練習をしましょう（ペア）。

④【応用】 3 について、実際のことに基づいて会話しましょう。

**1** 日本での生活を気づかう。 📢 142

文法理解1（p.118）

Nǐ zài Rìběn guò de zěnmeyàng?
你 在 日本 过 得 怎么样?
（日本での生活はどうですか。）

Guò de hěn yúkuài.
过 得 很 愉快。
（楽しく過ごしています。）

Zài Rìběn guò hěn yúkuài
① 在 日本 过 … 很 愉快

Jīntiān wánr hěn kāixīn
② 今天 玩儿 … 很 开心

hái hǎo
还 好 （まずまずです）

**2** ～するのがどのようであるか確かめる。 📢 143

文法理解1 (p.118)

Tā shuō Rìyǔ shuō de zěnmeyàng?
他 说 日语 说 得 怎么样? （彼は日本語を話すのがどうですか。）

Tā shuō Rìyǔ shuō de hěn liúlì. bù liúlì.
（他 说 日语） 说 得 很 流利 。 / 不 流利 。
（彼は日本語を話すのが流ちょうです。／流ちょうではありません。）

Bù zěnmeyàng.
不 怎么样。
（たいしたことないです。）

Yìbān(bān).
一般(般)。
（普通です。）← 「びみょうです」の意味

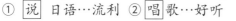

shuō Rìyǔ liúlì
① 说 日语…流利

chànggē hǎotīng
② 唱 歌…好听

tiàowǔ hǎo
③ 跳 舞…好

zuòcài hǎochī
④ 做 菜…好吃

**3** 苦手な物やアレルギーのあるものを確認し、おすすめ料理を紹介する。 🔊 **144**

Nǐ yǒu shénme tuījiàn de cài ma?

你 有 什么 推荐 的 菜 吗?

（何かおすすめ料理はありますか。）

Hǎixiān gàifàn hé Dàbǎn shāo.

海鲜 盖饭* 和 大 阪 烧。

（海鮮丼とお好み焼きです。） ＊盖：覆う、かぶせる

Nǐ yǒu shénme jìkǒu de ma?

你 有 什么* 忌口 的 吗?

（何か食べられないものはありますか。）

Wǒ bùnéng chī shēngyúpiàn.

我 不能 吃 生鱼片 。/（没有。）

（私は刺身が食べられません。）

Nà wǒmen chī Dàbǎn shāo, zěnmeyàng?

那 我们 吃 大 阪 烧 , 怎么样?

（じゃあ、私たちはお好み焼きにしましょうか。）

Hǎo a.

好 啊。

（いいですね。）

 shēngyúpiàn
①生鱼片

 là de
②辣的

 shēng jīdàn
③生 鸡蛋

 xiā
④虾

＊什么：何か（ここでは疑問ではなく、不定のものを表しています。）

**4** 手助けやごちそうを提案する。 🔊 **145**
》》文法理解 2 (p.118)

Wǒ dài nǐ qù wǒmen xuéxiào ba.

我 带 你 去 我们 学校 吧。

（私はあなたを学校に連れて行きますね。）

好啊。谢谢！

連れていく

 dài xuéxiào
① 带 …去 我们 学校
去 车站 chēzhàn

ごちそうする

 qǐng liàolǐ
② 请 … 吃 日本 料理

手伝う

 bāng pāizhào
③ 帮 …拍照
拿 行李 ná xíngli

場面 1

**1** 何も見ずに聞きましょう。 🔊 **146**

（ヒント：以前、劉さんを空港に出迎えに行ったときのことです。）

⇒ 問い 林さんは来たばかりの劉さんに、何を確認しましたか。

**2** 単語を確認して、もう一度聞きましょう。

☆虽然…但是 suīrán … dànshì …ではあるが、しかし〜　☆一点儿也＋否定 yìdiǎnr yě 少しも〜ない
・过敏 guòmǐn アレルギー　☆除了〜以外，都 chúle 〜 yǐwài, dōu 〜以外はみな…だ

**3** 本文を見ながら音声を聞きましょう。 🔊 146

林： Jīntiān wǒ dài nǐ qù wǒmen xuéxiào.
　　今天 我 带 你 去 我们 学校。

◆ 語彙 ◆ 🔊 147

刘： Tài gǎnxiè nǐ le.
　　太 感谢 你 了。

林： Nǐ dì-yī cì lái Rìběn ba.
　　你 第一次 来 日本 吧。

Nǐ shuō Rìyǔ shuō de zěnmeyàng?
你 说 日语 说 得 怎么样?

☆吧 ba（推量）〜でしょう

刘： Wǒ suīrán xuéle bànnián, dànshì shuō de bù liúlì.
　　我 虽然 学了 半年，但是 说 得 不 流利。

★虽然…但是 suīrán…dànshì …ではあるが、しかし〜

林： Nǐ de xíngli zhòng bu zhòng? Wǒ bāng nǐ ná ba.
　　你 的 行李 重 不 重? 我 帮 你 拿 吧。

☆吧 ba（提案）〜しましょう

刘： Búyòng le. Xièxie. Zhège yìdiǎnr yě bú zhòng.
　　不用 了。谢谢。这个 一点儿 也 不 重。

☆不用了 búyòng le 必要ない

林： Jīntiān wǎnshang, Chén lǎoshī qǐng wǒmen chī Rìběn
　　今天 晚上，陈 老师 请 我们 吃 日本

★一点儿也＋否定 yìdiǎnr yě 少しも〜ない

　　liàolǐ. Nǐ yǒu shénme jìkǒu de ma?
　　料理。你 有 什么 忌口 的 吗?

刘： Wǒ duì xiā guòmǐn. Chúle xiā yǐwài, dōu méi wèntí.
　　我 对 虾 过敏。除了 虾 以外，都 没 问题。

●过敏 guòmǐn アレルギー、過敏
☆除了〜以外，都 chúle 〜 yǐwài, dōu 〜以外はみな…だ

（レストランにて）

林： Zhèxiē cài hé nǐ de kǒuwèi ma?
　　这些 菜 合 你 的 口味 吗?

●这些 zhèxiē これら

刘： Tài hǎochī le! Hěn hé wǒ de kǒuwèi. Xièxie!
　　太 好吃 了! 很 合 我 的 口味。谢谢!

●口味 kǒuwèi 味の好み

**1-1.** **活動** あなた／相手の友人、家族、好きな芸能人のうちの一人について話題にしています。その人のことを、もっと詳しく教えてもらいましょう。

> TA* 唱歌唱 得怎么样?

> TA（唱歌）唱 得 很好。

\* TA：他／她

例 ◎非常好。 ○很好 / 不错* △一般(般) ×不好 / 不怎么样

| 相手が思い浮かべた人<br>（関係あるいは名前） | chànggē<br>唱歌 | tiàowǔ<br>跳舞 | shuō Yīngyǔ<br>说 英语 | ( ) |
|---|---|---|---|---|
| ( ) | | | | |

\*不错：なかなかよい  （よく分からない場合はどう言いますか？考えて使いましょう。）

**1-2.** **活動** ① 相手が何に困っているか確認し、必要な手助けを申し出ましょう。
② ペアで演じましょう。

例

> 你怎么了?

> 学校发的这个邮件，我看不懂。日语太难了。

> 我帮你翻译吧。

> 谢谢你！

\*发 fā 送信する  \*邮件 yóujiàn メール  \*翻译 fānyì 翻訳する

a

b

**1-3.** **活動** ① 3人で相手の出身地と、地元のおすすめ料理を聞きあいましょう。

tèsècài

> （出身地）的 特色菜 是 什么?

② 相手の食べられないものを把握しましょう（中国語）。また、中国人留学生を加えて食べに行くとしたらどれが良いか話し合いましょう（日本語でかまいません）。

| 名前／出身 | ／ | ／ |
|---|---|---|
| 地元のおすすめ料理 | | |
| 食べられないもの | | |

## Can-do

**2** 困っている観光客の手助けや、簡単な案内ができる。

### ウォームアップ

◆町中や施設で中国語圏の観光客と出会った際、道案内以外では、どのような手助けが必要とされそうですか。またどんなことを伝えられると役に立つでしょうか。

### キーワード2（事前学習）

**1** 単語を聞いて、発音しましょう。🔊 148

#### 行動

a. 抽烟 chōu//yān │ 吸烟 xī//yān
　　タバコを吸う

b. 停车 tíng//chē　停車、駐車

c. 需要 xūyào　必要とする

d. 帮忙 bāng//máng　手伝う、手助けをする

e. 翻译 fānyì　翻訳する
　　（翻译机 fānyìjī：翻訳機）

f. 充电 chōng//diàn　充電する

#### 量詞と物

a. 张 zhāng　平たいものを数える単位

b. 门票 ménpiào　入場チケット

#### お願い、注意喚起

a. 安静 ānjìng　静か

b. 排队 pái//duì　列に並ぶ

c. 脱 tuō　（靴や服を）脱ぐ

d. 烫 tàng　やけどさせる（ほど熱い）

◆ それぞれの話題について、会話をしています。

（1）会話の状況として、もっともふさわしい写真やイラストを選びましょう。 🔊 149

① _____ ② _____ ③ _____ ④ _____ ⑤ _____ ⑥ _____

（2）なんの注意やお願いをしていますか。ふさわしい写真を選びましょう。 🔊 150

① _____ ② _____ ③ _____ ④ _____

第 7 課

おもてなしをする

111

**アクション 2** 観光客に手伝いを申し出たり、注意喚起したりする。

①会話例を聞きましょう。

②シャドーイングをしましょう（会話例を見ながら→何も見ずに）。

③会話練習をしましょう（ペア）。

④【応用】教科書を見ずに、実際のやりとりを想定して会話練習をしましょう。

**1** 許可されて〜できるかどうかたずねたり、答えたりする。 🔊 151 　**文法理解 3（p.119）**

Zhèr kěyǐ chōuyān ma?
这儿 可以 抽烟 吗？

（ここでたばこを吸っても良いですか。）

Zhèr kěyǐ chōuyān.
这儿 可以 抽烟 。

Zhèr bù kěyǐ (bùnéng) chōuyān.
这儿 不 可以（不能） 抽烟 。

| | | | |
|---|---|---|---|
| chōuyān | pāizhào | tíngchē | dǎdiànhuà |
| ① 抽烟 | ② 拍照 | ③ 停车 | ④ 打电话 |

**2** 困っている観光客の手助けをする。 🔊 152

Nín xūyào bāngmáng ma?
您 需要 帮忙 吗？

（お手伝いが必要ですか。）

Néng bāng wǒ pāi zhāng zhào ma?
能 帮 我 拍 张 照 吗？

（写真を一枚撮ってもらえますか。）

Hǎode. Sān èr yī
好的。三 二 一…

Bú kèqi.
不客气。

Xièxie nǐ a.
谢谢 你 啊。

◇**手伝ってほしい**　　◇**そのほかに聞かれそうなこと（どこで）**

| pāi zhāng zhào | Qǐngwèn, zài nǎli mǎipiào? |
|---|---|
| ① 拍 张 照 | ② 请问 ， 在 哪里 ［买票］？ |
| fānyì yíxià | kěyǐ chōngdiàn / kěyǐ yòng |
| 翻译 一下 | ［可以 充电 / 可以用 Wi-Fi］ |

**3** お願いや注意喚起をする。  🔊 153

文法理解 4 (p.119)

Qǐng ānjìng yìdiǎnr.

请 安静 一点儿。

（ちょっと静かにしてください。）

Xiǎoxīn tàng.

小心 烫。

友達や家族への表現→（やけどに気をつけて。）

---

| どうぞ〜てください | 〜しないでください | 〜に気をつけて |
|---|---|---|
| qǐng　ānjìng　yìdiǎnr<br>① 请 … 安静 一点儿 | qǐng búyào dàshēng shuōhuà<br>② 请 不要…大声 说话 | xiǎoxīn ... tàng<br>③ 小心 … 烫 |
| zài zhèli páiduì<br>在 这里 排队 | zài zhèli chōuyān<br>在 这里 [抽烟] | |
| tuō yíxià xié<br>脱 一下 鞋 | pāizhào<br>[拍照] | |

这个很烫。请您小心。

（丁寧な表現）

⚠️注意をする際は、人前でするのではなく周りに聞こえないようにするなど、相手の面子を潰さないように配慮しましょう。

**4** 会話ストラテジー（中国語での会話に困った場合） 🔊 154

文法理解 4 (p.119)

Qǐng xiě yíxià.

请 写 一下。

（書いてください。）

Nǐ huì shuō Yīngyǔ (Rìyǔ) ma?

你 会 说 英语（日语）吗?

（英語／日本語は話せますか。）

Wǒ yòng yíxià fānyìjī.

我 用 一下 翻译机。

（翻訳機を使ってみますね。）

――ストラテジー――

⚠️このように、中国語で意思の疎通がうまく図れない際には、筆談、言語の切り替え（英語、やさしい日本語）、スマホの活用 など、他の有効な手段を探しましょう。

なお、中国語でうまく表現できない際は、ジェスチャー を使ったり、"这个"（これ）"那里"（あそこ）のように、物や場所を指し示したりして補う ことも有効です。

**場面2**

**1** 何も見ずに聞きましょう。  🔊 155

（ヒント：観光地で中国人観光客に話しかけています。）

⇒ 問い　観光客はなにをたずねましたか。

**2** 単語を確認して、もう一度聞きましょう。

・窗口 chuāngkǒu 窓口　・门票 ménpiào 入場チケット　☆小孩子 xiǎoháizi 子ども

・价 jià 値段　☆好像 hǎoxiàng 〜のようだ　☆不错 bú cuò なかなかよい　☆厉害 lìhai すごい

113

**3** 本文を見ながら音声を聞きましょう。 🔊 155

◆ 語彙 ◆ 🔊 156

Nín xūyào bāngmáng ma?
林： 您 需要 帮忙 吗？

Qǐngwèn, zài nǎli mǎi piào?
视： 请问，在 哪里 买 票？

Zài nàge chuāngkǒu mǎi piào. Qǐng zài nàli páiduì.
林： 在 那个 窗口 买 票。 请 在 那里 排队。

● 窗口 chuāngkǒu 窓口

Ménpiào duōshao qián yì zhāng?
视： 门票 多少 钱 一 张？

Dàren yìqiān wǔbǎi Rìyuán. Xiǎoháizi bànjià.
林： 大人 1500 日元。 小孩子 半价。

☆ 小孩子 xiǎoháizi 子ども
● 价 jià 値段、価格

Lǐmiàn kěyǐ pāizhào ma?
视： 里面 可以 拍照 吗？

☆ 里面 lǐmiàn 中

Hǎoxiàng bù kěyǐ pāizhào.
林： 好像 不 可以 拍照。

☆ 好像 hǎoxiàng ～のようだ

Nǐ Zhōngwén shuō de tǐng bú cuò a!
视： 你 中文 说 得 挺 不错 啊！

Shì zài nǎr xué de?
是 在 哪儿 学 的？

● 挺 tǐng とても
☆ 不错 bú cuò なかなかよい

Wǒ shì zài Qìnghuá dàxué xué de.
林： 我 是 在 庆华 大学 学 的。

Hǎo lìhai! Tài gǎnxiè nǐ le.
视： 好 厉害！ 太 感谢 你 了。

☆ 厉害 lìhai すごい、程度が甚だしい

114

| 2-1. | 活動 |

なんと声をかけていますか／かけますか。書いたり他の箇所を見たりせずに言えるようになりましょう。

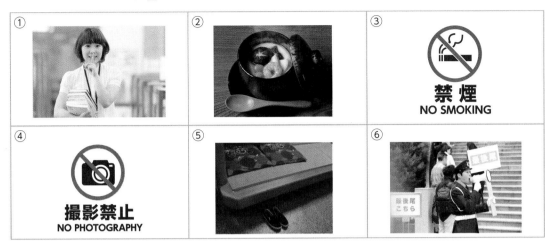

① ② ③ 禁煙 NO SMOKING

④ 撮影禁止 NO PHOTOGRAPHY ⑤ ⑥

| 2-2. | 活動 |

それぞれの場所・状況で～できるかどうか確認しましょう。

| ①ここ･･･喫煙 | ②ここ･･･撮影 | ③ここ･･･駐車 | ④彼女／彼･･･運転 |
|---|---|---|---|
| a 喫煙席 Smoking Seat | c | e P 駐車禁止 NO PARKING | g ←ビール |
| b | d | f P 満車 | h |

（あなたの大学内） （図書館内） ⚠ "不可以"と"不能"の違いにも気をつけましょう。

| 2-3. | 活動 |

あなたの町のとある場所で何かに困っていそうな観光客を見かけました。お手伝いが必要か声をかけ、観光客の反応とその後の展開（どのように案内するか）を予想して、二人で演じましょう。

您需要帮忙吗?

| ① | ② Wi-Fi | ③観光客の多そうな場所を想定し、現実的に起こりそうな内容を自由に考えましょう。 |
|---|---|---|

＊実際にどの場所で聞かれたかを想定し、案内の言葉も含めて演じましょう。

## タスク 7

**テーマ** あなたのサークルに中国からの短期留学生3人が参加することになり、歓迎会を開くことにしました。あなたは幹事の一人です。留学生やメンバーの食べられないものや都合の良い日時を確かめ、どの店で、いつ開催するか決めましょう。

**事前準備**

日本に来たばかりの中国人留学生を食事に連れて行くとしたら、何の料理にしますか。あなたの大学に来た留学生に、近場で食べられる「おすすめの料理」を聞かれた際に答えられるように、1つか2つ中国語で書いておきましょう。

> **メモ**

**授業**

**タスク前活動** 3人のグループになり、それぞれの会話を分担して聞いて、短期留学生の食べられないものや、都合を確認しましょう（グループで相談する際は日本語でかまいません）。ヒント：有空 yǒu kòng（時間が空いている）

李さん 🔊 157　　周さん 🔊 158　　林さん 🔊 159

> **メモ**

> **メモ**

> **メモ**

**STEP 1** （中国語）グループのメンバーが事前準備で、どのようなおすすめ料理を選んできたか確認しましょう。

> 你有什么推荐的菜吗?

> **メモ**
> （　　　　　）さん：
>
> （　　　　　）さん：

 **STEP 2** （中国語）グループメンバーに、苦手な食べ物やアレルギーがないかを確かめましょう。その上で、留学生の意向も踏まえ、どの料理を特におすすめできるか選びましょう（1つの店で食べられるものなら複数でもかまいません）。

〈食べられないもの〉

(　　　　　　　　) さん：


(　　　　　　　　) さん：

 **STEP 3** 歓迎会の場所と日時を決定し（ここは日本語でかまいません。実際の店舗やコースを探しましょう）、元から所属している中国人留学生と短期留学生向けに、グループチャットに中国語版の案内を投稿しましょう。▶▶ 付属教材（p.16）

**メモ**✎

**課題** → LMS（学習管理システム）等で提出しましょう。

メッセージの例

大家注意了！我们社团新来了三名中国留学生。
我们准备开一个欢迎会。具体信息如下。


时间　九月十八号晚上六点
地点　○○○（実際の場所や店名）
费用　2500日元（新生免费）
能参加的人，请在九月十二号之前回复，谢谢！

# 文 法 理 解 🔊 160

## 1 様態補語

「様態補語」は"得"を伴って動詞の後に置かれ、動作のありさまがどのようであるかを表します。

1. 動詞＋得＋様態補語
   「〜するのがどのようだ」

   Tā shuō de hěn kuài.
   他 说 得 很 快。（彼は話すのが早い。）

目的語が有る場合は、動詞を繰り返します。

2. 動詞＋目的語＋動詞＋得＋様態補語
   「〜をするのがどのようだ」

   Tā shuō Zhōngwén shuō de hěn liúlì.
   她 说 中文 说 得 很 流利。
   （彼女は中国語を話すのがとても流ちょうだ。）

## 2 "带""请""帮"

1. dài
   带 （＋人＋動詞＋目的語）
   「連れて行く」

   Wǒ dài nǐ qù chēzhàn.
   我 带 你 去 车站。
   （私はあなたを駅に連れて行きます。）

2. qǐng
   请 （＋人＋動詞＋目的語）
   「ごちそうする」

   Wǒ qǐng nǐ chīfàn.
   我 请 你 吃饭。
   （私はあなたにご飯をごちそうします。）

"请"にはこの他に、「頼む」や「どうぞ〜してください」の意味があります。

3. bāng
   帮 （＋人＋動詞＋目的語）
   「手伝う」

   Wǒ bāng nǐ ná xíngli ba.
   我 帮 你 拿 行李 吧。
   （荷物を持つのを手伝いますよ。）

## 文法解説＋α （もっと知りたいひと向け）

・このように、動作が起こる順に動詞を連ねる文を「連動文」と言います。
・"我请你吃饭"は、"我请你"と"你吃饭"とに分解してみると、"你"が、前の文の目的語であると同時に後の文の主語も兼ねていることが分かります。このような文を「兼語文」と言います。

**3** "可以"

kěyǐ
- 可以

「～できる、してよい」

Zhèr　kěyǐ　chōuyān　ma?
这儿 可以 抽烟 吗?

(ここでタバコを吸ってもよいですか。)

> "可以" は、「(許可されて、条件的に) ～できる」ことを示します。ただし、否定文では注意が必要です。

☆否定文

> 禁止 (不許可)を表す場合には "不可以" と言いますが、"不能" も使えます。

Zhèr　bù　kěyǐ　(bùnéng)　chōuyān.
这儿 不可以 (不能) 抽烟。

> 不可以：ここではタバコを吸ってはいけません。
>
> 不能：ここではタバコを吸えません。

> 条件的にできない場合は "不能" のみを使います。

Wǒ　bùnéng　gēn　nǐ　yìqǐ　qù.
我 不能 跟 你 一起 去。(私はあなたと一緒に行けません。)

**4** "一下" と "一点儿"

> "一下" は、その動作を「ちょっとする／してみる」という意味です。それに対して "一点儿" は、数量や程度が低いことを表します。

Qǐng　xiě　yíxià.
请 写 一下。　　　(ちょっと書いてください。)

Qǐng　ānjìng　yìdiǎnr.
请 安静 一点儿。　(ちょっと静かにしてください。)

---

**発展学習**

suīrán　dànshì
1. 虽然 … 但是
「…ではあるが、しかし～」

Wǒ　suīrán　xuéle　bànnián,　dànshì　shuō　de　bù　liúlì.
我 虽然 学了 半年, 但是 说 得 不 流利。
(私は半年学びましたが、流ちょうには話せません。)

zhāng
2. 张 (平たい物を数える)

yì　zhāng piào　　　　　　zhè zhāng　zhàopiàn
一 张 票 (チケット1枚) 这 张 照片 (この写真)

yìdiǎnr yě　bù méi
3. 一点儿也 ＋ 不 / 没
「少しも～ない」

Zhège　yìdiǎnr　yě　bú　zhòng.
这个 一点儿 也 不 重。(これは少しも重くない。)

# オンラインでやりとりする

## Can-do

**1** 通話アプリでつながり、オンラインで簡単なやりとりができる。

### ウォームアップ

◆あなたは普段どのように通話アプリを利用していますか。またチャット機能を使って友達とどんな話をよくしますか。

1. 連絡先を交換する際　　2. オンラインでやりとりをする際

### キーワード1（事前学習）

**1** 単語を聞いて、発音しましょう。 🔊 161

#### SNS 基本用語①

a. 加 jiā　加える

b. 朋友圈 péngyouquān　タイムライン

c. 群里 qún li グループチャットの中

（グループチャットの正式名称は "群聊" qúnliáo です。"聊" は「雑談をする」の意味）

d. 回信 huí//xìn ｜ 回复 huífù
　　返信する

e. 挂 guà　通話を切る

f. 语音 yǔyīn　音声

　　（音声メッセージや音声通話を指す）

＊WeChat で音声通話をかけることを "打语音" と言います。また、音声メッセージを送る場合は "发语音" と言い、多くの人がこの機能を使っています。

#### データのやりとり

a. 发 fā　送信する

b. 资料 zīliào　資料

c. 定位 dìngwèi　位置情報

d. 链接 liànjiē　リンク

e. 文件 wénjiàn　ファイル

f. 收 shōu　受け取る

#### 断る理由

a. 有事 yǒu shì　用事がある

b. 有约 yǒu yuē　約束がある

**2** 音声を聞いて選びましょう。

◆ それぞれの話題について、会話をしています。

（1）どの場面でのやりとりですか。選びましょう。 🔊 **162**

① _____

② _____

③ _____

④ _____

⑤ _____

a.WeChat での友達追加

b. ファイルの送受信

c. 会う場所の約束

d. お誘い

e. 通話の終了

（2）语音（音声メッセージ）を聞きましょう。
だれ／どこに、何を送ってほしいですか。選びましょう。 🔊 **163**

① _____ ② _____ ③ _____ ④ _____ ⑤ _____

**私に**

　a. 資料　b. 位置情報　c. リンク　d. 写真　e. ファイル

**グループチャットに**

　f. 資料　g. 位置情報　h. リンク　i. 写真　j. ファイル

─ "秒回" miǎohuí ─

　中国では、一般に日本人よりもすばやい返信（"秒回" miǎohuí）を期待する人が多いようです。そこで音声通話だけでなくチャットの場合でも、まず最初に、"你在吗？" "现在忙不忙？" など、相手の都合を聞くことがあります。

　もっとも、このように聞くと、場合によっては面倒くさいと思われることもありますので、皆さんがチャットを開始する際は、そのまま要件を伝えてかまいません。

授業

アクション1 🎬 **通話アプリでつながり、オンラインでやりとりする。**

①会話例を聞きましょう。

②シャドーイングをしましょう（会話例を見ながら→何も見ずに）。

③会話練習をしましょう（ペア）。

④【応用】4 について、吹き出し中の行きたいところや日時、会う場所等を、現実的な別の内容に入れ換えて練習し、発表しましょう。

**1** WeChat や LINE で友達を追加する。 🔊 164

Wǒ kěyǐ jiā nǐ de Wēixìn ma?

我 可以 加 你 的 微信 吗?

（あなたの WeChat を追加してもいいですか。）

Kěyǐ a. Nǐ sǎo wǒ háishi wǒ sǎo nǐ?

可以 啊。你 扫 我 还是 我 扫 你?

（いいですよ。あなたがスキャンしますか、それとも私がしますか。）

Nǐ sǎo wǒ ba.

你 扫 我 吧。

Wǒ sǎo nǐ ba.

我 扫 你 吧。

＊スキャンする人が、相手のスマホ画面に、カメラを向ける仕草をしましょう。

**2** 位置情報や、写真・資料等のやりとりをする。 🔊 165　　　▶文法理解 1, 2 (p.134-135)

Kěyǐ bǎ zīliào fā gěi wǒ ma?

可以 把 资料 发给 我 吗?

（資料を送ってもらってもいいですか。）

Hǎo. Fā gěi nǐ le.

好。发 （给你） 了。

（はい。送ったよ。）

Shōudào le.

收到 了。

（受けとりました。）

| zīliào | dìngwèi | liànjiē | zhàopiàn | wénjiàn |
|---|---|---|---|---|
| ① 资料 | ② 定位 | ③ 链接 | ④ 照片 | ⑤ 文件 |

**3** 通話を終了する。 🔊 166

Nà wǒ guà le.

那 我 挂 了。

（じゃ切りますね。）

Xiàcì zài liáo ba.

下次 再 聊 吧。

（また今度話しましょう。）

Nà, jiù zhèyàng ba.

那, 就 这样 吧。

（じゃあ、そういうことで。）

**4** オンラインで都合を確かめ、会う約束をする。 🔊 167

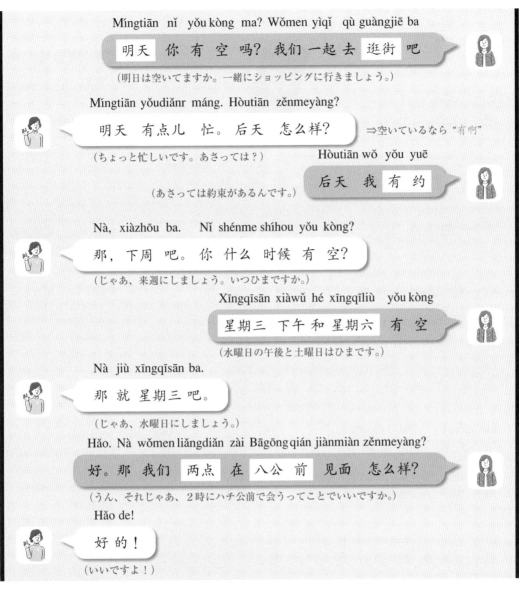

Míngtiān nǐ yǒu kòng ma? Wǒmen yìqǐ qù guàngjiē ba
明天 你 有 空 吗? 我们 一起 去 逛街 吧
（明日は空いてますか。一緒にショッピングに行きましょう。）

Míngtiān yǒudiǎnr máng. Hòutiān zěnmeyàng?
明天 有点儿 忙。 后天 怎么样?
（ちょっと忙しいです。あさっては？）
⇒空いているなら"有啊"

Hòutiān wǒ yǒu yuē
后天 我 有 约
（あさっては約束があるんです。）

Nà, xiàzhōu ba. Nǐ shénme shíhou yǒu kòng?
那，下周 吧。 你 什么 时候 有 空?
（じゃあ、来週にしましょう。いつひまですか。）

Xīngqīsān xiàwǔ hé xīngqīliù yǒu kòng
星期三 下午 和 星期六 有 空
（水曜日の午後と土曜日はひまです。）

Nà jiù xīngqīsān ba.
那 就 星期三 吧。
（じゃあ、水曜日にしましょう。）

Hǎo. Nà wǒmen liǎngdiǎn zài Bāgōng qián jiànmiàn zěnmeyàng?
好。那 我们 两点 在 八公 前 见面 怎么样?
（うん、それじゃあ、2時にハチ公前で会うってことでいいですか。）

Hǎo de!
好 的!
（いいですよ！）

場面1

**1** 何も見ずに聞きましょう。 🔊 168

（ヒント：劉さんから美玲さんに"语音"がかかってきました。）

⇒ 問い 劉さんは何をお願いしましたか。いつ、どこで会うことになりましたか。

**2** 単語を確認して、もう一度聞きましょう。

・台词 táicí セリフ ☆翻译 fānyì 翻訳する ・编辑 biānjí 編集する ☆行 xíng 大丈夫
・星巴克 Xīngbākè スターバックス ☆见面 jiàn//miàn 会う ・拜托 bàituō お願いする

第8課　オンラインでやりとりする

123

**3** 本文を見ながら音声を聞きましょう。 🔊 168

Wéi.
刘：喂。

Wéi. Zěnme le?
林：喂。怎么 了？

Míngtiān xiàwǔ nǐ yǒu kòng ma? Wǒ xiǎng bǎ Zhōngwén
刘：明天 下午 你 有 空 吗？我 想 把 中文

táicí fānyìchéng Rìwén. Néng bāngbang wǒ ma?
台词 翻译成 日文。 能 帮帮 我 吗？

À, nǐ biānjíhǎo shìpín le? Wǒ kěyǐ bāng nǐ.
林：啊，你 编辑好 视频 了？我 可以 帮 你。

Kěshì míngtiān wǒ yǒushì. Liù hào zěnmeyàng?
可是 明天 我 有事。 六 号 怎么样？

Liù hào de liǎng diǎn dào wǔ diǎn wǒ yǒu kòng.
六 号 的 两 点 到 五 点 我 有 空。

Liù hào a. Shì xīngqīwǔ. Xíng.
刘：六 号 啊。是 星期五。（スケジュールを確かめて）行。

Nà, liǎng diǎn zài Xīngbākè jiànmiàn zěnmeyàng?
那，两 点 在 星巴克 见面 怎么样？

Hǎo. Nǐ xiān bǎ zīliào fā gěi wǒ ba.
林：好。你 先 把 资料 发给 我 吧。

Hǎo de. Fādào nǐ de yóuxiāng le.
刘：好 的。…发到 你 的 邮箱 了。

Ǹg, shōudào le. Nà xiān zhèyàng ba.
林：嗯，收到 了。那 先 这样 吧。

Shíjiān bù zǎo le. Zǎodiǎn xiūxi ba. Guà le.
时间 不 早 了。早点 休息 吧。 挂 了。

Ǹg, bàituō nǐ le. Báibái.
刘：嗯，拜托 你 了。拜拜。

◆ 語彙 ◆ 🔊 169
☆喂 wéi もしもし

●成 chéng（結果補語として用いて）変化して〜になる
●编辑 biānjí 編集する

☆行 xíng 大丈夫、よい、OK
●星巴克 Xīngbākè スターバックス
☆见面 jiàn//miàn 会う

★到 dào（補語として用い）場所への到達や目標の達成を表す
☆邮箱 yóuxiāng メール（メールボックス）

●早点 zǎodiǎn（すこし）早めに

●拜托 bàituō お願いする

## 1-1. 活動（A） (ロールプレイ →右側の人は p.140 を参照)

(ロールカード A) あなたは相手と明日お昼ごはんを一緒に食べに行きたいと思っています。そのことを伝えて相手の都合を聞き、いつどこで会うか決めましょう。

＊（可能であれば）オンライン上で文字のやりとりをし、結果を LMS に提出しましょう。

＊日時や会う場所は、実際のお互いの予定を確認して決めてください（授業時間や他の予定と重ならないように／都合が悪ければ断られるかもしれません）。

メモ🖊

## 1-2. 活動

❶ 留学生の友達から、次のメッセージが来ました。先生や友達に、何を言っているのか教えてあげましょう（習っていない言葉は調べましょう）。

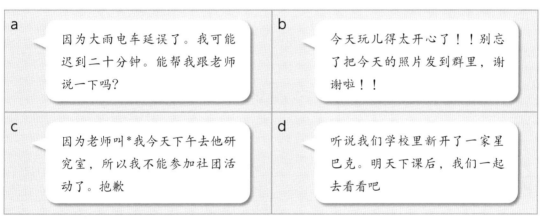

| a | 因为大雨电车延误了。我可能迟到二十分钟。能帮我跟老师说一下吗？ |
| b | 今天玩儿得太开心了！！别忘了把今天的照片发到群里，谢谢啦！！ |
| c | 因为老师叫*我今天下午去他研究室，所以我不能参加社团活动了。抱歉 |
| d | 听说我们学校里新开了一家星巴克。明天下课后，我们一起去看看吧 |

＊叫：させる、〜ように言いつける（→ p.135 文法解説 + α）

❷ 语音（音声メッセージ）が届きました。一緒に居る友達に状況を伝えましょう。

•)) 🔊 170

メモ🖊

a.

b.

c.

d.

e.*

＊ e は 2 人による音声メッセージのやりとりです。

## 2 SNS で友達の投稿に返信したり、コメントを残したりできる。

**ウォームアップ**

◆あなたはオンラインサービスでどのような情報発信／情報収集をしたり、交流したりしています
か。またどのようなコメントや反応がくるとうれしいですか。

1．SNS で　　2．動画共有サイトで

**キーワード 2（事前学習）**

**1** 単語を聞いて、発音しましょう。 🔊 171

### ネットサービス

a．微博 Wēibó　Weibo／ウェイボー
　　（Twitter に似たミニブログのサイト）

b．哔哩哔哩 bilibili　ビリビリ
　　（動画共有を中心とするサイト。"B站"とも呼ぶ）

c．小红书 Xiǎohóngshū　小紅書 RED
　　（SNS と e コマースの要素を併せ持つ）

＊中国では、LINE や Twitter、Facebook、Google のサービス（Gmail、Youtube 等）
は基本的に使えません。

### SNS 基本用語②

a．点赞 diǎn//zàn　いいね！を押す

b．关注 guānzhù
　　フォローする、チャンネル登録する

c．留言 liú//yán　メッセージ・コメント
　　（"评论" pínglùn とも言います）

d．分享 fēnxiǎng　共有する、分け合う

e．网红 wǎnghóng　インフルエンサー

f．种草 zhòngcǎo 草を植える
　　→購買意欲をかき立てる（ネット用語）

＊逆に購買意欲を失わせることを "拔草" bácǎo と言います。

**2** やりとりを聞いて（または読んで）選びましょう。

◆ それぞれの話題について、やりとりをしています。

（1）会話の状況として、もっともふさわしい写真やイラストを選びましょう。 🔊 172

① _____ ② _____ ③ _____ ④ _____ ⑤ _____

 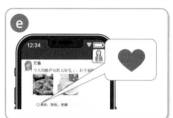

（2）チャットや、タイムラインの文章を読んで、返信やコメントとして最もふさわしいものを予想して選びましょう（キーワードとは関係ありません。また、すべてを理解する必要はありません）。

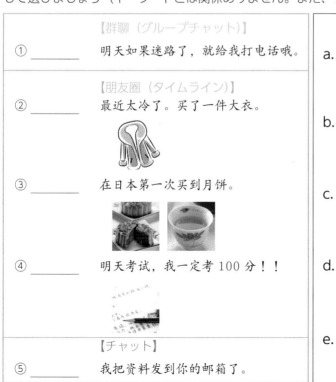

| | 【群聊（グループチャット）】 | |
|---|---|---|
| ① _____ | 明天如果迷路了，就给我打电话哦。 | a. 加油！ |
| | 【朋友圈（タイムライン）】 | |
| ② _____ | 最近太冷了。买了一件大衣。 | b. 好漂亮！你是在哪里买的？ |
| ③ _____ | 在日本第一次买到月饼。 | c. 收到了。谢谢啊！ |
| ④ _____ | 明天考试，我一定考 100 分！！ | d. 嗯，好的。 |
| | 【チャット】 | |
| ⑤ _____ | 我把资料发到你的邮箱了。 | e. 哇，看起来好好吃！ |

授業

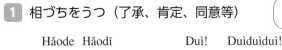

アクション2　メッセージに返信したり、投稿にコメントを付けたりする。

・どのような場面で使えそうか読みながら考えましょう。

**1** 相づちをうつ（了承、肯定、同意等）　　"en" と入力　🔊 173

Hǎode　Hǎodī
好的（好滴*）
（いいよ／分かった）

Duì!　Duìduìduì!
对！／对对对！
（そう、そのとおり）

Ňg　Ňgňg
嗯／嗯嗯
（うん／うんうん）

Míngbai　le
明白（了）
理解して→（分かった）

Zhīdào　le
知道（了）
情報を受け取って→（分かった）

Shì zhèyàng a
是这样啊
（そうなんだ）

Méi wèntí
没问题
（問題ない、大丈夫）

Kěnéng shì ba
可能*是吧
（たぶんそうです）

＊"好滴"は、"好的"の意味でよく使われるネット用語です。

＊"可能"：たぶん、〜かもしれない

**2** 驚く、納得する、疑う　🔊 174

Wā　Wāwāwā
哇（哇哇哇）
（わぁ）

Ò ò
哦哦　（納得）
（おお〜、なるほど）

Wǒ de tiān　a　tiān　a　tiān na
我的天 啊／天 啊（天呐）
（何てこった≒ Oh my God!）

Wāsāi
哇塞
（わぉ！）

Zhēnde ma?
真的吗?
（ほんとに？）

Búhuì　ba
不会*吧
（まさか）

＊"会"：きっと…だ（可能性がある）"不会"で、…はずがない（可能性がない）

もともと台湾で流行っていた方言由来の言葉です。

**3** 笑う、関心を伝える　🔊 175

Hāhāhā
哈哈哈
（はははは）

Hēhēhē
呵呵呵
（ふふふ）

Xiào sǐ wǒ le
笑死（我）了
（面白すぎる）

Yǒuqù
有趣
（興味深い）

⚠ "呵呵"と二文字で使うと、マイナスの意味で受け止められることがあるので注意が必要です。

**4** 聞き返す　🔊 176

Á?
啊?
（え？）

Shénme?
什么?
（何？）

Zěnme　le?
怎么 了?
（どうしたの？）

Zěnme huí shì?
怎么 回事?
（一体どういうこと？、何事？）

普通に聞き返しているだけです。

5 質問する 🔊 177

> 過去の出来事について「(どこで、いつ、だれが、どのように) 〜したのか」をたずねるには、よく "是〜的" 構文が使われます。

zài   nǎli
① (在) 哪里

shénme shíhou
② 什么时候

shéi
③ 谁

zěnme
④ 怎么

wèi shénme
⑤ 为 什么

＊〜吗？ の疑問文や反復疑問文など、さまざまな疑問文を使って話を広げましょう。

6 感想・気持ちを伝える 🔊 178

> ＊には程度副詞を入れます。"好"（とても）のほか、"真" zhēn、"太〜了" tài~le などがよく使われます。

Hǎo kě'ài
( 好*)可爱
（かわいい）

piàoliang
(＊)漂亮
（綺麗）

hǎokàn
(＊)好看
（見た目が良い）

bàng
(＊)棒
（すばらしい）

xiànmù
(＊)羡慕
（うらやましい）

lìhai
(＊)厉害
（すごい、程度が甚だしい）

kàn qilai hǎohǎochī
(看起来＊) 好 好吃
（美味しそう）

jiāyóu
加油
（がんばれ）

gōngxǐ nǐ
恭喜你
（おめでとう）

> ＊看起来：(見たところ) 〜のようだ、〜そうだ。

7 同調する 🔊 179

Wǒ yě xǐhuan
我 也 喜欢（○○）
（私も〜が好き）

Wǒ yě xiǎng
我 也 想＋動詞
（私も〜したい）

Wǒ yě zhème xiǎng
我 也 这么 想
（私もそう思う）

例

14:15 🌐67%
〈 モーメンツ

月酱
今天的披萨真的太好吃了。好幸福的午餐♪

♡美玲，张怡，安娜

美玲：哇，看起来好好吃哦！这家店在哪里？

张怡：我也喜欢吃 Pizza! 你是在哪里吃的？

月酱：哈哈哈。这不是在店里吃的。是我自己做的

美玲@月酱：哇塞！你好厉害哦！！

19:58 🌐90%
〈 モーメンツ

Liu
时间过得真快啊。我三月份就要毕业了。在日本认识了很多朋友。大家对我很亲切。非常感谢大家！我舍不得回国。

♡月酱，张怡，美玲，马丽，王伟

月酱：你什么时候回国呀？我们一起吃个饭吧

张怡：姐，论文加油哦！

美玲：一定要再来日本玩儿！

・披萨 pīsà：ピザ　・午餐 wǔcān：ランチ　・月份 yuèfèn：〜月　・就要…了 jiùyào … le：まもなく…だ
・毕业 bìyè：卒業する　・舍不得 shěbude：〜するのが惜しい、しがたい

本文を見ながら音声を聞きましょう。 🔊 180

Hāló u dàjiā hǎo. Wǒ shì Yuè jiàng. Jīntiān ne, wǒ xiǎng gēn
哈喽 大家 好。 我 是 月 酱。 今天 呢，我 想 跟
dàjiā fēnxiǎng yíxià Zhōngguórén àiyòng de shèjiāo APP. Nà
大家 分享 一下 中国人 爱用 的 社交 APP。 那
wǒmen jiù kāishǐ ba.
我们 就 开始 吧。

Shǒuxiān shì Wēibó. Wēibó shì fēnxiǎng duǎnwén, túpiàn hé shìpín de
首先 是 微博。 微博 是 分享 短文、图片 和 视频 的
píngtái. Bù shǎo Rìběn míngxīng yě zài yòng.
平台。 不 少 日本 明星 也 在 用。

Ránhòu shì bilibili. Bilibili jiǎnchēng B zhàn, hé Yóuguǎn
然后 是 哔哩哔哩。 哔哩哔哩 简称 B 站，和 油管
yíyàng, shì gèrén kěyǐ tóugǎo shìpín de wǎngzhàn.
一样，是 个人 可以 投稿 视频 的 网站。

Shàngchuán shìpín de rén bèi chēngwéi UP zhǔ.
上传 视频 的 人 被 称为 "UP 主"。

Zuìhòu shì Xiǎohóngshū. Xiǎohóngshū shì tōngguò zhàopiàn, shìpín fēnxiǎng
最后 是 小红书。 小红书 是 通过 照片、视频 分享
shēnghuó de APP. Yě kěyǐ gòuwù.
生活 的 APP。 也 可以 购物。

Wǒ zuìjìn yě bèi zhèli de wǎnghóng zhòngcǎo le yīfu.
我 最近 也 被 这里 的 网红 种草 了 衣服。

Hǎo la. Jīntiān de shìpín jiù dào zhèli le.
好 啦。 今天 的 视频 就 到 这里 了。

Rúguǒ nǐ xǐhuan zhège shìpín de huà,
如果 你 喜欢 这个 视频 的 话，

jìde gěi wǒ diǎnzàn, guānzhù, liúyán o.
记得 给 我 点赞、关注、留言 哦。

Wǒmen xià yìqī zàijiàn. Báibái.
我们 下 一期 再见。 拜拜。

◆ **語彙** ◆ 🔊 181

- 社交 shèjiāo
  Social Networking
- 首先 shǒuxiān まず初め
  に、第一に
- 图片 túpiàn 画像
- 平台 píngtái プラット
  フォーム
- 明星 míngxīng スター
- 简称 jiǎnchēng 略称す
  る
- ☆和…一样 hé … yíyàng
  …と同じ（ように）
- 油管 Yóuguǎn YouTube
- 个人 gèrén 個人
- 网站 wǎngzhàn インタ
  ーネットのサイト
- 上传 shàngchuán アッ
  プロード
- ★被 bèi 〜される
- 称为 chēngwéi 〜と呼
  ぶ、称する
- 通过 tōngguò 〜を通じ
  て
- 购物 gòuwù 買い物

- ★如果…的话 rúguǒ … de
  huà もし…ならば
- ☆记得 jìde 覚えている
- 哦 o 〜よ、〜ね
- 下一期 xià yìqī 次回
  （の動画）

**2-1.** **活動** 大学でできた中国人の友達に、新年の簡単なメッセージを送りましょう（どのようなメッセージが適切か調べましょう）。

也祝你新年快乐！恭喜发财！身体健康！

＊中国では、旧暦の正月（春節）を祝います。知人や友人がいる場合は、把握しておきましょう。

**2-2.** **活動** ❶ あなたに届いたメッセージに返信しましょう（返信は適切であれば、一言でもかまいません。分からない表現については、調べましょう）。

| | |
|---|---|
| 学长说，明天的活动从一点半开始。地点在学生会馆 302。 | |
| 这个视频真搞笑！ (動画へのリンク有り) | |
| 你知道吗？马丽跟王伟在一起了！ | |
| 下周的联欢会，你能不能参加？ (联欢会 liánhuān huì：コンパ) | (⇒簡単に理由を述べて参加できないと伝えましょう。) |

❷ 月酱のタイムラインへの投稿に対してコメントを付けましょう。

月酱
太可爱了吧～。我第一次去日本的猫咖*

（＊猫咖 māokā：猫カフェ。"猫咪咖啡馆 māomī kāfēi guǎn" の略。）

♡美玲，张怡

美玲：卡哇伊!! 你也是猫奴吗？

（　　　　　）：

# タスク ❽

テーマ あなたは、SNS で中国人留学生の友達とつながりました。タイムラインに自分の日常や社会的活動、好きなもの・好きなこと、したいことなどを中国語で投稿しましょう。また友達の投稿に「いいね」を押し、コメントを付けましょう。

（授業で SNS を活用していたり、学習管理システムに掲示板等があれば、実際にネット上で実践しましょう。）

## 事前準備

**タスク前活動**

❶ 自分の生活を題材に、タイムラインで公開するメッセージや写真を用意しましょう（いいね！
や、コメントがもらいやすい内容を考えましょう。好きなこと、面白い写真や出来事など、自分に関する
ことならなんでもかまいません）。

---

< モーメンツ

🐼 自分

① ［　　　　　　　　　　　　　　　　　　　　　　　　　　　　　　　　　］

② 
（　　　　）
（　　　　）

---

写真があれば見せられるように準備しておきましょう。
ただし他人が映っている写真は控えましょう。

# タスク ❽

テーマ あなたは、SNS で中国人留学生の友達とつながりました。タイムラインに自分の日常や社会的活動、好きなもの・好きなこと、したいことなどを中国語で投稿しましょう。また友達の投稿に「いいね」を押し、コメントを付けましょう。

（授業で SNS を活用していたり、学習管理システムに掲示板等があれば、実際にネット上で実践しましょう。）

## 事前準備

**タスク前活動**

❶ 自分の生活を題材に、タイムラインで公開するメッセージや写真を用意しましょう（いいね！
や、コメントがもらいやすい内容を考えましょう。好きなこと、面白い写真や出来事など、自分に関する
ことならなんでもかまいません）。

---

< モーメンツ

🐼 自分

① ［　　　　　　　　　　　　　　　　　　　　　　　　　　　　　　　　　］

② 
（　　　　）
（　　　　）

---

写真があれば見せられるように準備しておきましょう。
ただし他人が映っている写真は控えましょう。

**授業**

❷ (授業) 前頁の友達のメッセージや写真を見ながら、どのように返信するとよいか考え、自分なりのコメントを書きましょう。

相手のメッセージ：

↳ 自分の返信

**タスク**

 **1** タスク前活動❶で考えた話題について、実際にオンラインでメッセージや写真を投稿しましょう（LMS の掲示板に投稿、または他の SNS を利用します。どのメディアを利用するかは先生の指示に従ってください）。

 **2** ❷で準備した友達の投稿に対するコメントを書き込みましょう。

 **3** それ以外のクラスメートの投稿を閲覧し、最低 3 名以上にコメントやアイコン（スタンプ・ステッカー）、"いいね" を送りましょう。

 **4** ふりかえりに記入しましょう。 **付属教材 (p.7)**

第8課

オンラインでやりとりする

## 文法理解 🔊 182

### 1 "把"

> "把" 構文は、ソレ（特定のモノ）に対して、どのような操作・処置を加えるかを表します。

bǎ
・主語＋把＋目的語＋動詞＋付加成分

「(そのモノ) を〜（どのように）する」

Tā bǎ wǒ shuǎi le.
她 把 我 甩 了。（彼女は私を振りました。）

＊甩：振る、放る

 "把" 構文ではこのように、動詞のみで文を終わらせることができません。「〜した」ことや、「どのようになった／どのようにする」かを示す、"了" や結果補語などが必要です。

《補語を付けるパターン》

gěi
・動詞＋给 「〜に…する」
（動作の対象）

Wǒ bǎ zīliào fā gěi nǐ le.
我 把 资料 发 给 你 了。
（私は資料をあなたに送りましたよ。）

dào
・動詞＋到 「〜まで…する」
（場所への到達）

Wǒ bǎ zhàopiàn fā dào qúnli le.
我 把 照片 发 到 群里 了。
（私は写真をグループチャットに送りました。）

《応用》

 否定を表す言葉（"不""没"）などは、"把" の前に置きます。

Duìle. Wǒ hái méi bǎ bàogào fāgěi lǎoshī.
对了。我 还没 把 报告 发给 老师。

（そうだ。レポートまだ先生に送ってなかった。）

受付終了
未提出

"完了" は、ここでは「〜し終わった」という意味ではなく、「やばい」「やってしまった」という意味です。

Wánle. Yǐjīng guòle jiézhǐ rìqī le.
完了。已经 过了 截止 日期 了。

（しまった。締め切り過ぎてる。）

## 2 "到"（結果補語）

⇒結果補語の説明については第6課文法理解 ③（p.102）を参照

dào
・ 動詞 ＋ "到"（結果補語）
（目的の達成や場所への到達）

Wǒ shōu dào zīliào le.
（我）收 到 （資料）了。 （資料を受け取りました。）

Wǒ zhǎo dào qiánbāo le.
我 找 到 钱包 了。 （財布を探し出しました。）

この二つは、どちらも受け取る、探すという動作（動詞）の目的が達成されたことを示しています（場所への到達は前ページを参照）。

---

### 発展学習

bèi
1. 被 （＋人）＋動詞＋付加成分
「…に～される」（受け身文）

Wǒ bèi lǎoshī pīpíng le.
我 被 老师 批评 了。
（先生に叱られました。）

你的拖延症太厉害了吧。下不为例！

次はないからね！
＊拖延症 tuōyán zhèng：先延ばし癖
＊下不为例 xià bù wéi lì：次はこれを前例としない

rúguǒ de huà jiù
2. 如果…（的话），就～
「もし…ならば、～」

Rúguǒ xǐhuan zhège shìpín de huà, nǐ jiù gěi
如果 喜欢 这个 视频（的话），你 就 给

wǒ diǎn ge zàn ba.
我 点 个 赞 吧。

（もしこの動画を気に入ったら、いいねを押してくださいね。）

---

## 文法解説＋α（もっと知りたいひと向け）

使役文「～させる」には、"让" ràng "叫" jiào などを使います。

Bù hǎoyìsi. Ràng nǐ jiǔděng le.
不 好意思。 让 你 久等 了。
（すみません。長らくお待たせしました。）

なお、"叫" には「言いつける」というニュアンスが含まれます。

Lǎoshī jiào wǒ jīntiān xiàwǔ qù tā yánjiūshì.
老师 叫 我 今天 下午 去 他 研究室。
（先生は私に今日の午後研究室に来るように言った。）

# インフォメーション・ギャップ／ロールカード

## 第1課

**1-1.** 活動 (B)

アンナさんについて、どちらであるかをパートナーに聞いて、〇を付けましょう（林恵さんについて、相手に教えてあげましょう）。

| | 安娜 Ānnà | | | 林恵 Lín Huì | |
|---|---|---|---|---|---|
| | Měiguórén | Yīngguórén | | Zhōngguórén | Rìběnrén |
| (是) | 美国人 / | 英国人 | (是) | 中国人 / | 日本人 |
| | hē kāfēi | hóngchá | | hē wūlóngchá | píjiǔ |
| (喝) | 咖啡 / | 红茶 | (喝) | 乌龙茶 / | 啤酒 |
| | xǐhuan chī ròu | chī yú | | xǐhuan chī ròu | chī yú |
| (喜欢) | 吃肉 / | 吃鱼 | (喜欢) | 吃肉 / | 吃鱼 |

## 第2課

**1-1.** 活動 (B)

① 例を聞いてから、張さんの自己紹介を再現しましょう。
② ペアになり、「あなた」のところのみを参照し、自己紹介をしましょう。
③ 「相手」の自己紹介を聞いて、書きましょう。

| | 例 🔊 38 | 相手 | あなた |
|---|---|---|---|
| 名前 | Zhāng Yí 张 怡 | Wáng Wěi （　　　）伟 | Liú Mǎlì 刘 玛丽 |
| ～から来た | Shànghǎi 上海 | | Guǎngzhōu 广州 |
| 専攻 | wénxué 文学 | | gōngxué 工学 |
| 日本語学習歴 | 1 年 | | 4 年 |
| 好きなこと | jiànshēn 健身 | | kàn diànshìjù 看电视剧 |

## 第3課

**1-2.** **活動（B）**

① イラストを見て彼女／彼が何をしたか述べましょう。また、それを どれくらい〜したか 質問できるようにしておきましょう。

| a | b | c | d | e |
|---|---|---|---|---|
| 何個？ | 何着？ | 何杯？ | 何時間？ / どのくらいの時間？ | |

（レポートを書く）

② ペアの人に、アンナさんがそれぞれの日に何をしたか、またどれだけ〜したかを聞いてメモしましょう。

刘月 今天 做什么了？

她 买衣服 了。

她 买 了 几 件 衣服？

她 买 了 三 件 衣服。

記入例 ［服 3着］

zuótiān

| いつ | 今天 | 星期六 | 星期天 | 昨天 |
|---|---|---|---|---|
| 安娜 Ānnà | 何を／いくつ [ ] | [ ] | [ ] | [ ] |
| 王伟 Wáng Wěi | 3時間 | 2杯 | 1着 | （動画）2時間 |

137

# 第4課

2-1. 活動（B）

① それぞれの物の在庫や他の色、値引きがあるかを、どう聞くか考えましょう。

② A店でのやりとりを聞いて、書きましょう（○×／色／値引率）。🔊 94

③ C店の店員（ペアの相手）にそれぞれの在庫や値引き等があるかたずねて書きましょう。

（あなたはB店の店員です）

|  | ① <br> （新品） | ② <br> （他の色） | ③ <br> （値引き） | ④ <br> （値引き） |
|---|---|---|---|---|
| A店 | （　　） | （　　　　　　　　） | （　　　）％OFF | （　　　）％OFF |
| B店 | ○ | ○紅色　　○白色 | × | 20　％OFF |
| C店 | （　　） | （　　　　　　　　） | （　　　）％OFF | （　　　）％OFF |

2-2. 活動（B）

② C店とD店の店員（ペアの相手）に、現金以外にどの支払いが可能かを確かめチェックしましょう。QR決済が使える場合は、スキャン方法も教えてもらいましょう。

（あなたはA店とB店の店員です）

| A店（アパレル） | B店（食堂） |
|---|---|
| ✓ 現金 <br> ✓ 刷卡 <br> ✓ WeChat Pay <br> （☑ 客がスキャン／□ 店員がスキャン） | ✓ 現金 <br> × 刷卡 <br> × Alipay <br> （× 客がスキャン／× 店員がスキャン） |
| C店（スーパー） | D店（コンビニ） |
| ☑ 現金 <br> □ 銀聯卡 <br> □ WeChat Pay <br> （□ 客がスキャン／□ 店員がスキャン） | ☑ 現金 <br> □ 銀聯卡 <br> □ Alipay <br> （□ 客がスキャン／□ 店員がスキャン） |

# 第5課

タスク 5-1 (B)

ロール1　あなたは駅前で中国人観光客から道を聞かれました。地図を見ながら案内しましょう。

ロール2　あなたは観光客です。自分が聞きたい場所について相手に聞いて、番号を書き入れましょう。

聞きたい場所　❹永旺 　❺市立医院 　❻电影院

 你好，我想问一下。 便利店 怎么走?

从这儿向前走，到了第一个红绿灯往右拐（就到）。

就到 jiù dào：〜すればそれで（すぐ）着きます。

| Zhōngyāng gōngyuán | yóujú | dàxué | Yǒngwàng | shìlì yīyuàn | diànyǐngyuàn |
|---|---|---|---|---|---|
| ① 中央公园 | ② 邮局 | ③ 大学 | ④ 永旺 | ⑤ 市立医院 | ⑥ 电影院 |

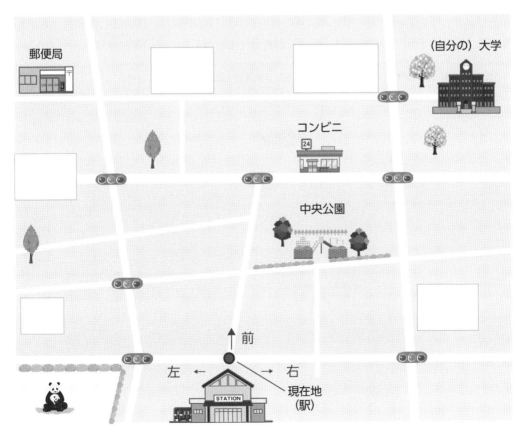

## 第6課

**2-3.** **活動（B）** ①④の服用方法を中国語で聞き、②③について相手に説明しましょう。

Zhège yào zěnme chī?

这个 药 怎么 吃?

（饭前 fànqián　饭后 fànhòu　睡前 shuìqián）

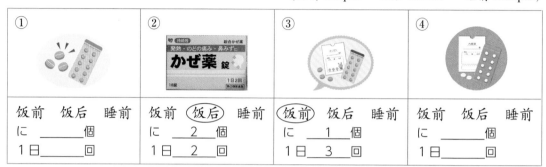

| ① | ② | ③ | ④ |
|---|---|---|---|
| 饭前　饭后　睡前<br>に_____個<br>1日_____回 | 饭前　(饭后)　睡前<br>に___2___個<br>1日___2___回 | (饭前)　饭后　睡前<br>に___1___個<br>1日___3___回 | 饭前　饭后　睡前<br>に_____個<br>1日_____回 |

## 第8課

**1-1.** **活動（B）**

（ロールカードB）あなたは明日のランチに誘われましたが、あいにく明日（と明後日）は用事
があります。そのことを伝えてそれ以外の都合の良い日を提案し、何時にどこで会うか決めま
しょう（忙しくて行けない場合は、そのことを伝えて断ってもかまいません）。

＊（可能であれば）オンライン上で文字のやりとりをし、結果をLMSに提出しましょう。

＊日時や会う場所は、明日明後日以外で、実際のお互いの予定を確認して決めてください（実際の授業時間や他の予定
と重ならないように）。

 メモ

# 場面《日本語訳》

## 第1課

**場面1**

林：今週の土曜日は、動物園に行きたいですか、それとも水族館が良いですか？

張：私は動物園に行きたいです。

林：分かりました。動物園にはパンダの赤ちゃんがいるらしいですよ。

張：そうなんだ！……美玲さん、パンダって熊ですかそれとも猫ですか。

林：パンダは熊ですよ。

張：ほんとに！？

林：もちろん本当ですよ。

張：なんで"熊猫"って言うんだろう？

林：私も知りません。

**場面2**

陳：林美玲（はやし みれい）さん、空港に留学生を迎えに行ってもらうことはできますか？

林：分かりました。新しくやって来る中国人留学生ですか。

陳：そうです。劉月（リュウ ゲツ）さんと言います。

林：先生、私は（友達の）張怡（チョウ イ）さんと一緒に行ってもいいですか。

陳：いいですよ。

林：でも、私はどうやって劉月さんを探せばいいですか？彼女の写真はありますか。

陳：有りますよ。見てみてください、これが劉月さんの写真です。

## 第2課

**場面1**

みなさんこんにちは！私は劉月と言います。中国の北京から来ました。慶華大学の二年生で、専攻は経済です。大学で半年間日本語を勉強しました。私は日本の漫画を読むのが好きです。日本の漫画のほかに、日本料理も好きです。日本では本場の寿司を食べてみたいです。皆さんと知り合えてとてもうれしいです。よろしくお願いします！

**場面2**

林：私たちはあなたのことをどう呼べばいいですか。

劉："ユエちゃん"と呼んでくれればいいですよ。

林：一番好きな漫画は何ですか。

劉：ONE PIECE（ワンピース）です。ルフィーが特に好きです。

佐藤：日本へはいつ来たのですか。

劉：先月来たんです。

佐藤：日本での生活は慣れましたか。

劉：まだあまり慣れていません。日本語が聞き取れないです。

## 第3課

**場面1**

林：今日どこへ行きましたか。

劉：渋谷に買い物に行きました。

場面1

林：何を買いましたか。

劉：服を買いました。見て、綺麗でしょ？

林：とても綺麗です！おしゃれですね。服を何着買ったんですか。

劉：三着買いました。美玲さんは今日何をしましたか。

林：まだレポートを提出していないので、一日中英語の授業の動画を見ていました。

劉：がんばって！

場面2

張：あなたは北海道に行ったことがありますか。

林：有りますよ。張さんは？

張：まだ行ったことがないです。私は近いうちに行くつもりです。美玲さんは何回北海道に行ったことがありますか。

林：２回行ったことがあります。

張：飛行機のチケットは高いですか。どの季節に行くのが一番良いですか。

林：私は秋の北海道が最も綺麗だと思います。飛行機のチケットも高くないです。何日泊まるつもりですか。

張：三日間泊まるつもりです。

## 第4課

場面1

張：この二着のコートでは、どっちが良いと思いますか。

林：右側のほうが、左のよりも綺麗だと思います。

張：うん、私もそう思います。でも、右のはやや高いです。
この白いのはどうですか。ダサくないですか。

林：ダサくないですよ。おしゃれです。それにさっきのものほど高くないですし、私はこっちのほうがもっと綺麗だと思いますよ。試着したら？

張：美玲さん、Mサイズはちょっと小さいです。もうちょっと大きいのはありますか。

林：ちょっと待って。見てみます。Lサイズはどうですか。

張：ありがとう。これはちょうど良いです。私はこれを買います。

場面2

客：すみません、このシャツのMサイズはありますか。

林：少々お待ちください。申し訳ありません、Mは無いです。今店にはLとSしかありません。

客：あ、ならいいです。ありがとう。（他の服を見て）これには割引はありますか。

林：これは新作なので、割引はありません。

客：あぁ、そうなんですか。試着しても良いですか。

林：どうぞ。試着室はあちらです。

客：（レジ前で）ウィーチャットペイは使えますか。

林：使えます。袋は要りますか。

客：要りません（必要ありません）。

林：ポイントカードはお持ちですか。

客：有りません。

林：かしこまりました。QRコードをスキャンしてください。

観：すみません、ちょっとお聞きしますが、浅草寺（せんそうじ）へはどうやって行きますか。

林：地下鉄銀座線に乗り、浅草駅（あさくさえき）で降ります。

観：ここから遠いですか。

林：遠くないです。わりと近いです。歩いても行けますよ。

場面1

観：ここから（浅草寺の）雷門（かみなりもん）へは歩いてどれくらい時間がかかりますか。

林：30分くらいです。

観：じゃあ、私たちはやはり地下鉄で行きます。ありがとうございます。

林：どういたしまして。

観：すみません、ちょっとお聞きしたいのですが、観光情報センターはどこですか。

林：地図を調べ（てあげ）ますね。ここから前方に行き、二つ目の信号を右に曲がります。観光情報センターはその道の左側にあります。

観：ここからどれくらいの距離がありますか。

場面2

林：800 mくらいです。数分間歩けばすぐ着きますよ。

観：お手数をおかけしました。ありがとう。

観：申し訳ありませんが、東京スカイツリーへはどうやって行きますか。

林：まず地下鉄銀座線に乗り、その後浅草駅で東武スカイツリーラインに乗り換えます。

観：わかりました。ありがとうございます！

張：もしもし、なんでまだ来てないんですか。映画はもうすぐ始まりますよ。

林：寝坊しました。すぐに着きます。ちょっと待ってください。（到着して）ごめんなさい。来るのが遅くなりました。

張：大丈夫ですよ。……どうしたの？　昨日ちゃんと眠れなかったんですか。

林：そうなんです。英語の宿題が超難しくって、昨日は夜中三時にようやく寝ました。今もまだやり終ってないです。

場面1

張：難しいですか。私はおとといにはとっくに書き上げてましたよ。

林：なんでそんなに早いんですか。

張：私は外国語に興味があるんです。今日映画を見終わったら、一緒に図書館に行きましょう。宿題を完成させるのを手伝ってあげます。

林：手伝ってくれてありがとう。こんなに早く宿題を書きおわるとは思いませんでした。

劉：私はまた病気になりました。頭が痛いです。

林：大丈夫？体温は何度ですか。

劉：37.8℃です。

場面2

林：いつから発熱したんですか。

劉：先週土曜からです。ちょっとこれを読んでください（読むのを手伝ってください）。この薬はどうやって飲みますか。医者の言った話を私は聞き取れませんでした。

林：ちょっと私に見せてください。この薬は毎日食後に一錠、一日に3回飲みます。

場面2

劉：ほんとですか。私は昨日寝る前に3錠飲みました。

林：そんなにたくさん飲んじゃダメです。体に悪いですよ。
　　じゃあしっかりと休んでくださいね。明日また電話します。

劉：うん。バイバイ。

第7課

林：今日は私があなたを私たちの学校に連れて行きますね。

劉：本当にありがとうございます。

林：初めて日本に来たんですよね。日本語を話すのはどうですか。

劉：私は半年学んだのですが、流ちょうには話せません。

林：あなたの荷物は重いですか。持つのを手伝いましょうか。

場面1

劉：大丈夫です（必要ありません）。ありがとうございます。これは少しも重くないです。

林：今晩、陳先生が私たちに日本料理をごちそうしてくれます。何か食べられないものはありますか？

劉：私はエビにアレルギーがあります。エビ以外は、すべて問題ありません。

林：これらの料理は口に合いますか。

劉：すごく美味しいです。とても私の口に合います。ありがとうございます。

林：手伝いが必要ですか？

観：すみません、どこでチケットを買いますか。

林：あの窓口でチケットを買います。あそこに並んで下さい。

観：入場チケットは一枚いくらですか。

林：大人は1500円、子どもは半額です。

場面2

観：中は撮影できますか。

林：撮影してはいけないみたいです。

観：中国語を話すのがとても上手ですね。どこで学んだのですか？

林：私は慶華大学で学んだのです。

観：すごい！　本当にありがとうございました。

第8課

劉：もしもし。

林：もしもし。どうしたの？

劉：明日の午後空いてますか。私は中国語のセリフを日本語に翻訳したいんですけど、ちょっと手伝ってもらっても良いですか。

林：あぁ、動画が編集できたんですね。手伝うことはできますけど、明日は用事があります。6日はどうですか。6日の2時から5時まで空いてます。

場面1

劉：6日ですか。金曜日ですね。大丈夫です。じゃあ、2時にスタバで会うってことでどうですか。

林：いいですよ。先に資料を私に送ってください。

劉：分かりました。メールの方に送りました。

林：うん、受け取りました。じゃあまずはそういうことで。もう時間が遅いし、早めに休んでくださいね。じゃあ切りますね。

劉：うん、お願いしますね。バイバイ。

みなさんこんにちは。ユエちゃんです！今日はですね、皆さんと中国人が愛用している
ソーシャルアプリについて共有していきたいと思います。それではさっそく始めていきま
しょう。

まずは Weibo です。Weibo とはショートメッセージや画像、ビデオを共有するプラ
ットフォームです。多くの日本の芸能人達も使っていますよ。

その次は bilibili です。bilibili は "B 站" と略称されています。YouTube と同じように、
個人が動画を投稿できるサイトです。動画をアップロードする人は「UP 主」と呼ばれて
います。

最後は "小红书" です。"小红书" は、写真やビデオを通して生活スタイルを共有する
アプリで、買い物をすることもできます。私も最近ここのインフルエンサーに購買意欲を
かき立てられて服を買いました。

はい。今日の動画はここまでです。もしこの動画が良いなと思ったら、高評価とチャン
ネル登録、メッセージをよろしくお願いしますね。それでは次回の動画でまた会いましょ
う。バイバイ！

# 索 引

＊索引には各課のキーワード（固有名詞等を除く）と、その他の重要ワードを収録しています。

| 数字：課-トピック | キ：キーワード | ア：アクション | 場：場面 | 活：活動 |

| ピンイン | 単語 | 日本語 | 課 |
|---|---|---|---|

### A

| a | 啊 | （文末）〜ね、〜だよ | 3-1 場 |
| ānjìng | 安静 | 静か | 7-2 キ |
| Ānzhuó | 安卓 | Android | 1-1 活 |

### B

| ba | 吧 | （推量）〜でしょう | |
| | | （提案）〜しましょう | 7-1 場 |
| bāshì | 巴士 | バス | 5-1 キ |
| báisè | 白色 | 白 | 4-2 キ |
| bàituō | 拜托 | お願いする | 8-1 場 |
| bāng | 帮 | 手伝う | 7-1 キ |
| bāng//máng | 帮忙 | 手伝う、手助けをする | 7-2 キ |
| bāngzhù | 帮助 | 手助けする | 6-1 場 |
| bāo | 包 | バッグ | 4-2 キ |
| bēi | 杯 | 杯（飲み物を数える） | 3-1 キ |
| bèi | 被 | 〜される | 8-2 場 |
| bízi | 鼻子 | 鼻 | 6-2 キ |
| bǐjiào | 比较 | 比較的 | 4-1 キ |
| bilibili | 哔哩哔哩 | ビリビリ | 8-2 キ |
| biànlìdiàn | 便利店 | コンビニ | 5-2 キ |
| bié…le | 别…了 | 〜するな | 6-2 場 |
| bú cuò | 不错 | なかなかよい | 7-2 場 |
| búyòng | 不用 | 必要ない | 4-2 場 |
| bù hǎoyìsi | 不好意思 | 申し訳なく思う | 4-2 場 |
| bù shūfu | 不舒服 | 具合が悪い、気分が悪い | |
| | | | 6-2 キ |

### C

| cái | 才 | ようやく、やっと | 6-1 キ |
| cānjiā | 参加 | 参加する | 3-2 キ |
| cèsuǒ | 厕所 | トイレ、便所 | 5-2 キ |
| chá dìtú | 查地图 | 地図を調べる | 5-2 キ |
| chàngKTV | 唱 KTV | カラオケをする | 3-1 キ |
| chāoshì | 超市 | スーパー | 5-2 キ |
| chēpiào | 车票 | 乗車券 | 3-2 キ |
| chēzhàn | 车站 | 駅 | 5-1 キ |

| chènshān | 衬衫 | シャツ | 4-2 キ |
|---|---|---|---|
| chènyī | 衬衣 | シャツ | 4-2 キ |
| chēnghu | 称呼 | 呼ぶ | 2-2 ア |
| chī//yào | 吃药 | 薬を飲む | 6-2 場 |
| chōng//diàn | 充电 | 充電する | 7-2 キ |
| chōu//yān | 抽烟 | タバコを吸う | 7-2 キ |
| chúle~yǐwài, dōu | 除了〜以外，都 | | |
| | | 〜以外はみな…だ | 7-1 場 |
| chúle~yǐwài, hái | 除了〜以外，还 | | |
| | | 〜のほかに、さらに… | 2-1 場 |
| chūzūchē | 出租车 | タクシー | 5-1 キ |
| chuān | 穿 | 着る、履く | 4-1 場 |
| chuán | 船 | 船 | 5-1 キ |
| cì | 次 | 〜回（動作の回数） | 3-2 キ |

### D

| dǎ//chē | 打车 | タクシーで | 4-1 キ |
| dǎ//gōng | 打工 | アルバイトをする | 3-2 キ |
| dǎ lánqiú | 打篮球 | バスケットボールをする | |
| | | | 1-1 キ |
| dǎ pīngpāngqiú | 打乒乓球 | | |
| | | 卓球をする | 2-1 キ |
| dǎ zhékòu | 打折扣 | 割引をする | 4-2 キ |
| dài | 带 | 連れる、率いる | 7-1 キ |
| dànshì | 但是 | しかし | 4-1 場 |
| dào | 到 | 着く、到着する | 5-2 場 |
| děng | 等 | 待つ | 4-1 場 |
| dìtiě | 地铁 | 地下鉄 | 5-1 キ |
| diǎn | 点 | 注文する | 4-2 キ |
| diǎn//zàn | 点赞 | いいね！を押す | 8-2 キ |
| diànchē | 电车 | 電車 | 5-1 キ |
| diànshìjù | 电视剧 | ドラマ | 2-1 キ |
| dìngwèi | 定位 | 位置情報 | 8-1 キ |
| dǒng | 〜懂 | 理解する | 6-2 場 |
| dòngmàn | 动漫 | アニメ | 2-1 キ |
| dǔ//chē | 堵车 | 渋滞する | 6-1 キ |
| dùzi | 肚子 | お腹 | 6-2 キ |
| duì | 对 | そう、そのとおり、正しい | |
| | | | 4-2 ア |

| duì | 对~ | に(対して、向かって) | 6-2 場 |
|---|---|---|---|

**E**

| èrwéimǎ | 二维码 | QR コード | 4-2 キ |
|---|---|---|---|

**F**

| fā | 发 | 送信する | 8-1 キ |
|---|---|---|---|
| fā//shāo | 发烧 | 熱が出る | 6-2 キ |
| fǎlǜ | 法律 | 法律 | 2-1 キ |
| fānyì | 翻译 | 翻訳する | 7-2 キ |
| fēnxiǎng | 分享 | 共有する、分け合う | 8-2 キ |

**G**

| gǎn//·shàng | 赶上 | 間に合う | 6-1 キ |
|---|---|---|---|
| gǎnmào | 感冒 | 風邪を引く | 6-2 キ |
| gǎn xìngqù | 感兴趣 | 興味がある | 6-1 キ |
| gāngcái | 刚才 | 先ほど | 4-1 場 |
| gāo | 高 | 高い | 4-1 キ |
| gāoxìng | 高兴 | うれしい | 2-1 場 |
| gěi | 给 | 《動詞》与える、あげる、くれる | |
| | | 《前置詞》～に(与える対象を示す) | 4-2 キ |
| gēn | 跟 | ～と | 1-2 キ |
| gèng | 更 | さらに、もっと | 4-1 キ |
| gōngjiāochē | 公交车 | バス | 5-1 キ |
| gōnglǐ | 公里 | km | 5-2 キ |
| gōngxué | 工学 | 工学 | 2-1 キ |
| gōngyuán | 公园 | 公園 | 5-2 キ |
| gǒu | 狗 | 犬 | 1-1 キ |
| guà | 挂 | 通話を切る | 8-1 キ |
| guānzhù | 关注 | フォローする、チャンネル登録する | 8-2 キ |
| guàng//jiē | 逛街 | 街をぶらつく | 2-1 キ |
| guì | 贵 | (値段が)高い | 4-1 キ |
| guò | 过 | 過ごす、生活する | 7-1 キ |

**H**

| hái | 还 | まだ(～ない)、 | 2-2 場 |
|---|---|---|---|
| | | また | 6-1 キ |
| háiméi | 还没 | まだ～ない | 3-1 キ |
| hánjià | 寒假 | 冬休み | 3-2 キ |
| hǎo | 好 | とても | 3-1 場 |
| | | ちゃんと～する | 6-1 キ |
| hǎohǎo | 好好 | しっかりと、ちゃんと | 6-2 場 |

| hǎoxiàng | 好像 | ～のようだ | 7-2 場 |
|---|---|---|---|
| hǎoyòng | 好用 | 使いやすい | 4-1 キ |
| hé…yíyàng | 和…一样 | …と同じ(ように) | 8-2 場 |
| hēisè | 黑色 | 黒 | 4-2 キ |
| hóngchá | 红茶 | 紅茶 | 1-1 キ |
| hónglǜdēng | 红绿灯 | 信号 | 5-2 キ |
| hóngsè | 红色 | 赤 | 4-2 キ |
| huài | 坏 | 悪い、壊れる | 6-1 キ |
| huànchéng | 换乘 | 乗り換える | 5-2 キ |
| huífù | 回复 | 返信する | 8-1 キ |
| huí lǎojiā | 回老家 | 実家に帰る | 3-2 キ |
| huí//xìn | 回信 | 返信する | 8-1 キ |
| huǒchē | 火车 | 列車 | 5-1 キ |

**J**

| jīchǎng | 机场 | 空港 | 1-2 キ |
|---|---|---|---|
| jīdàn | 鸡蛋 | (鶏の)卵 | 3-1 キ |
| jìde | 记得 | 覚えている | 8-2 場 |
| jì//kǒu | 忌口 | 食べられないもの | 7-1 キ |
| jīpiào | 机票 | 飛行機のチケット | 3-2 キ |
| jiā | 家 | 店や家を数える単位 | 4-1 キ |
| jiā | 加 | 加える | 8-1 キ |
| jiāyóuzhàn | 加油站 | ガソリンスタンド | 5-2 キ |
| jiàn | 件 | 服や事柄を数える単位 | 3-1 キ |
| jiàn//miàn | 见面 | 会う | 8-1 場 |
| jiànshēn | 健身 | 健康のための運動 | 2-1 キ |
| jiāo bàogào | 交报告 | レポートを提出する | 3-1 キ |
| jiàoyù | 教育 | 教育 | 2-1 キ |
| jìn | 近 | 近い | 5-1 キ |
| jīngjì | 经济 | 経済 | 2-1 キ |
| jiǔ | 酒 | 酒 | 1-1 キ |
| jiù | 就 | ただ…だけ | 4-2 ア |
| | | すぐ、とっくに | 6-1 キ |
| jiùyào…le | 就要…了 | まもなく…だ | 8-2 ア |
| juéde | 觉得 | 思う | 3-2 場 |

**K**

| kāfēi | 咖啡 | コーヒー | 1-1 キ |
|---|---|---|---|
| kāixīn | 开心 | 楽しい、うれしい | 7-1 キ |
| kànbudǒng | 看不懂 | 読んで理解できない | 7-1 活 |
| kǎo jiàzhào | 考驾照 | 運転免許を取る | 3-2 キ |
| késou | 咳嗽 | 咳をする | 6-2 キ |
| kěshì | 可是 | しかし、でも | 1-2 場 |
| kěyǐ | 可以 | (許可されて・条件的に)～できる、～してよい | 1-2 キ |

| | | | |
|---|---|---|---|
| kè | 课 | 授業 | 3-1 場 |
| kùzi | 裤子 | ズボン | 4-2 キ |
| kuài | 快 | 速い | 4-1 キ |
| kuàiyào…le | 快要…了 | もうすぐ…だ | 6-1 場 |

**L**

| | | | |
|---|---|---|---|
| là de | 辣(的) | 辛い(もの) | 7-1 キ |
| lái | 来 | 持ってくる | 4-2 キ |
| láizì | 来自～ | ～から来る | 2-1 場 |
| lèi | 累 | 疲れる | 6-2 キ |
| lěngde | 冷的 | アイス(冷たい飲み物) | 1-1 キ |
| lìhai | 厉害 | すごい、ものすごい | 7-2 場 |
| lǐmiàn | 里面 | 中 | 7-2 場 |
| liànjiē | 链接 | リンク | 8-1 キ |
| liáotiān(r) | 聊天(儿) | おしゃべりする | 3-1 キ |
| liúlì | 流利 | 流ちょう | 7-1 キ |
| liú//yán | 留言 | メッセージ、コメント | 8-2 キ |
| lù | 路 | 道、道路 | 5-2 キ |
| lùkǒu | 路口 | 交差点 | 5-2 キ |

**M**

| | | | |
|---|---|---|---|
| mǎshàng | 马上 | すぐに | 6-1 キ |
| mǎi dōngxi | 买东西 | 買い物をする | 3-1 キ |
| màn | 慢 | 遅い、ゆっくり | 6-1 キ |
| mànhuà | 漫画 | 漫画 | 2-1 キ |
| máng | 忙 | 忙しい | 1-2 キ |
| māo | 猫 | ねこ | 1-1 キ |
| méi//shì(r) | 没事(儿) | 大丈夫 | 6-1 場 |
| ménpiào | 门票 | 入場チケット | 7-2 キ |
| mí//lù | 迷路 | 道に迷う | 6-1 キ |
| mǐ | 米 | m | 5-2 キ |
| mǐfàn | 米饭 | お米のご飯 | 1-1 キ |
| miànbāo | 面包 | パン | 1-1 キ |

**N**

| | | | |
|---|---|---|---|
| nàme | 那么 | その(あの)ように、そん(あん)なに | 4-1 場 |
| ná | 拿 | 持つ | 7-1 キ |
| nán | 难 | 難しい | 1-2 キ |
| nánde | 男的 | 男の人 | 1-1 キ |
| néng | 能 | (条件的・能力的に)～できる | 1-2 キ |
| nǚde | 女的 | 女の人 | 1-1 キ |

**O**

| | | | |
|---|---|---|---|
| o | 哦 | ～よ、～ね | 8-2 場 |

**P**

| | | | |
|---|---|---|---|
| pāi//zhào | 拍照 | 写真を撮る | 7-1 キ |
| pái//duì | 排队 | 列に並ぶ | 7-2 キ |
| pǎo//bù | 跑步 | ジョギングする | 2-1 キ |
| péngyouquān | 朋友圈 | タイムライン | 8-1 キ |
| piányi | 便宜 | 安い | 4-1 キ |
| piào | 票 | チケット | 3-2 キ |
| píngfēn | 评分 | 評点、評価 | 4-1 キ |
| píngguǒ | 苹果 | リンゴ("苹果手机" = iPhone) | 1-1 活 |

**Q**

| | | | |
|---|---|---|---|
| qítā | 其他 | その他 | 4-2 キ |
| qí zìxíngchē | 骑自行车 | 自転車で | 5-1 キ |
| qiántiān | 前天 | おととい | 6-1 場 |
| qǐng | 请 | どうぞ～してください | 4-2 場 |
| | | ごちそうする | 7-1 キ |
| qǐngwèn | 请问 | おたずねします | 5-1 場 |
| qù lǚyóu | 去旅游 | 旅行に行く | 3-2 キ |
| qúnli | 群里 | グループチャットの中 | 8-1 キ |
| qúnliáo | 群聊 | グループチャット | 8-1 キ |
| qúnzi | 裙子 | スカート | 4-2 キ |

**R**

| | | | |
|---|---|---|---|
| rède | 热的 | ホット(温かい飲み物) | 1-1 キ |
| rènshi | 认识 | 見知っている、知り合う | 2-1 場 |
| ròu | 肉 | 肉 | 1-1 キ |
| rúguǒ…dehuà | 如果…的话 | もし…ならば | 8-2 場 |

**S**

| | | | |
|---|---|---|---|
| sǎngzi | 嗓子 | 喉 | 6-2 キ |
| sǎomiáo | 扫描 | スキャンする | 4-2 キ |
| shàng ge | 上(个)～ | 前の | 2-2 キ |
| shāo | 稍 | 少し、ちょっと | 4-2 場 |
| shēng//bìng | 生病 | 病気になる | 6-2 キ |
| shēng jīdàn | 生鸡蛋 | 生卵 | 7-1 キ |
| shēngyúpiàn | 生鱼片 | 刺身 | 2-2 キ |
| shètuán huódòng | 社团活动 | サークル活動 | 3-2 キ |

| | | | |
|---|---|---|---|
| shì | 事 | 事、用事 | 6-1 キ |
| shìpín | 视频 | 動画 | 3-1 キ |
| shíxí | 实习 | インターン、実習 | 3-2 キ |
| shōu | 收 | 受け取る | 8-1 キ |
| shǒu | 手 | 手 | 6-2 キ |
| shòu//shāng | 受伤 | けがをする | 6-2 キ |
| shòusī | 寿司 | 寿司 | 2-2 キ |
| shūbāo | 书包 | (学生用の)かばん | 1-2 キ |
| shūfu | 舒服 | 快適な、心地よい | 6-2 キ |
| shǔjià | 暑假 | 夏休み | 3-2 キ |
| shuā//kǎ | 刷卡 | カード決済 | 4-2 キ |
| shuā shǒujī | 刷手机 | スマホをいじる | 2-1 キ |
| shuài | 帅 | かっこいい、イケメン | 4-1 キ |
| shuāng | 双 | 対の物を数える単位 | 4-2 キ |
| shuìguò | 睡过 | 寝過ごす、寝坊する | 6-1 キ |
| shuì//jiào | 睡(觉) | 寝る | 6-1 キ |
| suīrán…dànshì | 虽然…但是 | …ではあるが、しかし | 7-1 場 |

**T**

| | | | |
|---|---|---|---|
| tàng | 烫 | やけどさせる(ほど熱い) | 7-2 キ |
| tèsècài | 特色菜 | おすすめ料理 | 7-1 キ |
| téng | 疼 | 痛い | 6-2 キ |
| tī zúqiú | 踢足球 | サッカーをする | 1-1 キ |
| tǐwēn | 体温 | 体温 | 6-2 キ |
| tiān | 天 | ～日(日にちを数える) | 3-2 キ |
| tiānfùluó | 天妇罗 | 天ぷら | 2-2 キ |
| tiáo | 条 | 細長い物を数える単位 | 4-2 キ |
| tiào//wǔ | 跳舞 | ダンスをする | 7-1 キ |
| tīngbudǒng | 听不懂 | 聞き取れない | 2-2 場 |
| tīngshuō | 听说 | 聞くところによると、～らしい | 1-1 場 |
| tīng yīnyuè | 听音乐 | 音楽を聴く | 2-1 キ |
| tíng//chē | 停车 | 停車、駐車 | 7-2 キ |
| tóu | 头 | 頭 | 6-2 キ |
| túshūguǎn | 图书馆 | 図書館 | 5-2 キ |
| tuījiàn | 推荐 | 推薦する | 7-1 キ |
| tuō | 脱 | (服や靴を)脱ぐ | 7-2 キ |

**W**

| | | | |
|---|---|---|---|
| wàiyǔ | 外语 | 外国語 | 2-1 キ |
| ~wán | 完 | ～し終わる | 6-1 キ |
| wánr | 玩儿 | 遊ぶ | 7-1 キ |
| wán yóuxì | 玩游戏 | ゲームする | 2-1 キ |

| | | | |
|---|---|---|---|
| wǎn | 晚 | 遅い | 6-1 キ |
| wǎnghóng | 网红 | インフルエンサー | 8-2 キ |
| wǎng shang | 网上 | インターネット上 | 4-1 キ |
| wàng | 忘 | 忘れる | 6-1 キ |
| wéi | 喂 | もしもし | 8-1 場 |
| Wēibó | 微博 | Weibo | 8-2 キ |
| Wēixìn | 微信 | WeChat | 1-2 活 |
| Wēixìn zhīfù | 微信支付 | WeChat Pay | 4-2 キ |
| wèi shénme | 为什么 | なぜ | 1-1 場 |
| wénjiàn | 文件 | ファイル | 8-1 キ |
| wénxué | 文学 | 文学 | 2-1 キ |
| wèn | 问 | 質問する | 5-2 場 |
| wūdōngmiàn | 乌冬面 | うどん | 2-2 キ |

**X**

| | | | |
|---|---|---|---|
| xīyān | 吸烟 | タバコを吸う | 7-2 キ |
| xǐshǒujiān | 洗手间 | トイレ、便所 | 5-2 キ |
| xiā | 虾 | エビ | 7-1 キ |
| xià chē | 下车 | 下車 | 5-1 キ |
| xià ge | 下(个)～ | 次の | 2-2 キ |
| xiàn | 线 | 路線 | 5-1 キ |
| xiànjīn | 现金 | 現金 | 4-2 キ |
| xiǎng | 想 | ～したい | 1-2 キ |
| xiǎoháizi | 小孩子 | 子ども | 7-2 場 |
| Xiǎohóngshū | 小红书 | 小紅書 RED | 8-2 キ |
| xiǎoxīn | 小心 | 気を付ける | 6-1 キ |
| xié | 鞋 | 靴 | 4-2 キ |
| xiézi | 鞋子 | 靴 | 4-2 キ |
| xiě bàogào | 写报告 | レポートを書く | 3-1 キ |
| xīnde | 新(的) | 新しい(もの) | 1-2 キ |
| xìnyòng kǎ | 信用卡 | クレジットカード | 4-2 キ |
| Xīngbākè | 星巴克 | スターバックス | 8-1 場 |
| xíng | 行 | 大丈夫、よい、OK | 8-1 場 |
| xíngli | 行李 | 荷物 | 7-1 キ |
| xióngmāo | 熊猫 | パンダ | 1-1 キ |
| xiūxi | 休息 | 休む | 6-2 場 |
| xūyào | 需要 | 必要とする | 7-2 キ |
| xuéjiě | 学姐 | 女の先輩 | 2-2 ア |
| xuézhǎng | 学长 | 男の先輩 | 2-2 ア |

**Y**

| | | | |
|---|---|---|---|
| yánsè | 颜色 | 色 | 4-2 キ |
| yǎnjing | 眼睛 | 目 | 6-2 キ |
| yíhuìr/yìhuǐr | 一会儿 | ちょっと(の間) | 6-1 場 |
| yíxià | 一下 | ちょっと(～する) | 4-1 場 |

| | | | |
|---|---|---|---|
| yǐjīng | 已经 | すでに | 3-1 キ |
| yìbān | 一般 | 普通(微妙なときに使う) | 7-1 キ |
| yìdiǎnr | 一点儿 | (数量的に)少し、ちょっと | 4-1 キ |
| yìdiǎnr yě | 一点儿也 | 少しも(〜ない) | 7-1 場 |
| yìqǐ | 一起 | いっしょに | 1-2 場 |
| yīnwèi…suǒyǐ | 因为…所以 | …(理由、原因)なので、だから〜(結果) | 6-1 場 |
| yínháng | 银行 | 銀行 | 5-2 キ |
| Yínliánkǎ | 银联卡 | 銀聯カード | 4-2 キ |
| yǐnliào | 饮料 | 飲み物 | 1-1 キ |
| yīnggāi | 应该 | 〜すべき | 2-2 ア |
| yóujiàn | 邮件 | メール | 7-1 活 |
| yóujú | 邮局 | 郵便局 | 5-2 キ |
| yóuxiāng | 邮箱 | メール(ボックス) | 8-1 場 |
| yǒudiǎnr | 有点儿 | (好ましくないという意味で)ちょっと、少し | 4-1 キ |
| yǒu shì | 有事 | 用事がある | 8-1 キ |
| yǒu yuē | 有约 | 約束がある | 8-1 キ |
| yòubian | 右边 | 右、右側 | 4-1 キ |
| yòuguǎi | 右拐 | 右折する | 5-2 キ |
| yòu…le | 又…了 | また | 6-2 場 |
| yú | 鱼 | 魚 | 1-1 キ |
| yúkuài | 愉快 | 愉快、楽しい | 7-1 キ |
| yǔyīn | 语音 | 音声 | 8-1 キ |
| yuǎn | 远 | 遠い | 5-1 キ |

## Z

| | | | |
|---|---|---|---|
| zài | 再 | また | 6-2 場 |
| zěnme | 怎么+動詞 | どのように、どうやって | 1-2 場 |
| zhàn | ～站 | ～駅 | 5-1 キ |
| zhāng | 张 | 平たい物を数える単位 | 7-2 キ |
| zhǎo | 找 | 探す | 1-2 キ |
| zhàopiàn | 照片 | 写真 | 1-2 キ |
| zhème | 这么 | この(その)ように、こん(そん)なに | 4-1 場 |
| zhèyàng | 这样 | この(その)ようである | 4-2 場 |
| zhēnde | 真的 | 本当に、本当だ | 1-1 場 |
| zhī·dào | 知道 | 知っている、分かっている | 1-1 場 |
| Zhīfùbǎo | 支付宝 | Alipay | 4-2 キ |
| zhǐ | 只 | ただ…だけ、〜しかない | 4-2 場 |
| zhòng | 重 | 重い | 1-2 キ |
| zhòngcǎo | 种草 | 購買意欲をかき立てる | 8-2 キ |
| zhōumò | 周末 | 週末 | 3-1 キ |
| zhù | 住 | 泊まる | 3-2 場 |
| zhuānyè | 专业 | 専攻 | 2-1 キ |
| zhǔnbèi | 准备 | 準備する | 6-1 キ |
| zīliào | 资料 | 資料 | 8-1 キ |
| zǒu | 走 | 歩く、行く | 5-2 キ |
| zǒu//lù | 走路 | 歩く | 5-1 キ |
| zǒuzhe | 走着 | 歩いて | 5-1 キ |
| zuǒbian | 左边 | 左、左側 | 4-1 キ |
| zuǒguǎi | 左拐 | 左折する | 5-2 キ |
| zuǒyòu | 左右 | 〜ぐらい | 5-1 場 |
| zuò(xiě)zuòyè | 做(写)作业 | 宿題をする/書く | 3-1 キ |

## あとがき

　CEFR を掲げて 2020 年に出版した前著は、幸い多くの大学で採用していただきました。本書では、よりいっそう「行動中心アプローチ」や「複言語主義」の理念、および第二言語習得研究の成果等を踏まえつつ、日本の第二外国語教育に適した中国語教科書のあり方を追求し、このような形での出版に至りました。

　朝日出版社の中西陸夫氏には、前著にひきつづき出版の機会を与えてくださり、心より感謝申し上げます。編集の宇都宮佳子氏には、著者の細かい要望に最大限答えていただくなど、本書の出版に当たって大きなご助力をいただきました。

　また、鹿児島大学大学院の孟卓然さんには、作成段階から多くの有益なアドバイスをいただきました。加えてネイティブの言語使用に関するデータの収集や、原稿のチェック、索引の作成等、終始本教科書の執筆をサポートしていただきました。ここに深く感謝申し上げます。

寺西光輝

**著者**

寺西光輝


表紙・本文デザイン　　メディアアート
写真・イラスト提供　　PIXTA／メディアアート／Shutterstock
音声吹込　　　　　　　毛興華　王英輝　劉セイラ
SPECIAL THANKS　　　孟卓然

---

使って学ぶ！ 中国語コミュニケーション２
－ CEFR A1-A2 レベル－

---

検印
省略　　　　　　© 2022 年 9 月 30 日　初 版 発 行


著　者　　　　　　　　寺 西 光 輝

発行者　　　　　　　　原　　雅　　久
発行所　　　　　　株式会社 朝 日 出 版 社
　　　　　〒 101-0065　東京都千代田区西神田 3-3-5
　　　　　　　　　電話(03)3239-0271・72(直通)
　　　　　　　　　振替口座　東京　00140-2-46008
　　　　　　　　　http://www.asahipress.com/
　　　　　　　　　　　　倉敷印刷

---

乱丁・落丁本はお取り替えいたします
ISBN978-4-255-45371-2 C1087